大展好書 好書大展

大展好書 好書大展

武術特輯
17

南拳

朱瑞琪／編著

大展出版社有限公司
印行

序　言

武術源遠流長，博大精深，內涵極為豐富，是我國各族人民喜愛的一項傳統體育項目。通過經常而系統的武術練習，能夠發展力量、速度、柔韌、靈敏和耐力等身體素質，促進健康、增強體質；可陶冶情操、培養堅毅、果斷、吃苦耐勞等優良品質；還可培養臨危不懼、防身自衛的技能，以及實現自娛娛人的藝術鑑賞價值。

由於武德武風的嚴格規範，還可塑造熱愛國家的新人。

我社曾出版了《武術特輯》一系列叢書，重點介紹了武術的基本功、基本動作和一些簡便易行的練習方法，深受初學武術者的廣大喜愛。

這本《南拳》屬普及性讀物，不但介紹了基本技術要領、動作要求、練習方法、易犯錯誤及糾正方法，而且簡明扼要地說明了動作技擊含義。

它易學易懂、易練易用，便於提高。《南拳》既可作為自修武術者的輔導材料，又可作為有一定基礎的武術愛好者、運動員的參考讀物。

編者

目錄

第三章　組合練習

第一章

基本知識

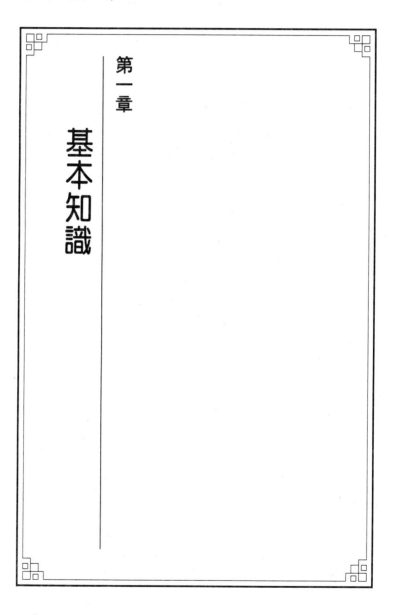

(一)、南拳簡況

南拳系指流傳於我國南方諸拳種的統稱。它流傳地域主要包括廣東、廣西、福建、湖南、湖北、四川、江西、江蘇、浙江等，是目前國內外武術比賽的重點項目之一。

南拳在我國源遠流長，歷史悠久。據《小知錄》記載：在明代有「使拳之家十一」、「使槍之家十七」，其拳有「趙家拳」、「南拳」、「勾掛拳」、「披掛拳」……。可見，南拳在四百多年前已被載入史冊。由於歷史的發展，加之各地人們的傳習關係，使南拳形成了各具特色的不同流派。

廣東南拳極為盛行，有洪家拳、劉家拳、蔡家拳、李家拳、莫家拳五大流派，還有蔡李佛拳、虎鶴雙形拳、佛家拳、俠家拳、刁家教、岳家教、朱家教等等。據調查，廣東的各種南拳和器械套路就有三百多種。

福建南拳遍及全省各地，主要盛行於福州、廈門、泉州、莆田、漳州和永春、連城等市、縣。福州有龍、虎、豹、蛇、鶴等五形拳和猴拳、犬法、雞法、魚法、少林拳、梅花拳、羅漢拳等流派。

其它地區還流傳有五祖拳（又名五祖鶴洋拳）、連城拳、白鶴拳、五祖白鶴拳、五獸拳、左二拳、南拳四門、虎仔金剛拳、梅花拳、金竹拳等。據一九七八年福建調研組的調查資料分析，福建的南拳也分內家拳和外家拳，其來源主要是官方和少林寺。

四川南拳也有著悠久的歷史，現在四川的派系主要有僧、岳、趙、杜、洪、化、字、會八大流派。僧門拳主要流行於川西、川南一帶，岳門拳主要流行於川東、川南等地；趙門拳在川南、瀘、納、宜、南溪等地流行；杜門拳盛行於川北、南充地區；洪門拳在四川流行甚廣。化門拳多流行於川東、川北地區；字門拳主要流行於廣安、岳池一帶，尤以唐家河盛行。會門拳現在練習的人已經不多了。

湖南南拳有巫、洪、薛、岳四大流派。湖北南拳分為洪、魚、孔、風、水、火、字、熊八門、江西南拳有字、硬兩門，浙江南拳有洪家、黑虎、金剛三大拳系，另外還有溫州南拳、台州南拳和江蘇南拳等。

中華人民共和國於一九六〇年將南拳列為全國武術競賽項目，一九六一年後把廣東南拳中的虎鶴雙形拳編入了全國體育院校通用教材。從一九九〇年十一屆亞運會開始，由中國武術協會組織專家，把南拳編成統一的競賽套路，用於國內外的重大武術比賽中。

一九九二年初，中國武術研究院又組織了部份南拳專家及優秀運動員創編了《南棍》、《南刀》的競賽套路，作為我國第七屆全國運動會武術比賽的規定套路。因此，南拳發展至今，不論是套路編排的科學性，風格特點的一致性，還是整體的運動技術水平，都有了較大的發展。

(二)、南拳基本特點及其健身作用

【基本特點】

1. 穩馬硬橋

南拳的步型、步法從其外型而言，雖有高樁與矮樁、大架與小架之分。但其共同特點都要求穩固、沈實、堅不可摧，做到高而不浮、低而不板，進退閃轉靈活。馬步和弓步是南拳中的主要樁步，不論什麼形式的樁步，都要求做到穩馬，即五趾抓地，「落地生根」，強調「穩如鐵塔坐如山」。腿部沈實，步勢方能穩紮，運動才有章法。橋，是指臂的運行，稱為

「橋手」。

南拳的橋手，要求兩臂剛硬，內蓄勁力，「練得硬橋硬馬，方能穩紮穩打」。練習南拳的步型、步法時，一般要求「沈氣、坐胯、踩腳」，其目的是為了使人體重心下降，加大人體支撐的垂直力量，體現「穩」的特點，步法的移動幅度相對較大，既流暢又沈穩，體現了「沈重有力」的特點。

練習南拳的手法時（如單指手等），常鼓勁而使肌肉隆起，以提高硬橋的練習效果。

2.手法豐富

南拳的上肢手法較其它拳種豐富，包括有拳法、掌法、勾手，還有爪法、指法、肘法和橋法，尤其是橋法更是區別於其它拳種的顯著特點之一。南拳練習通常在步型不變的情況下連續完成若干次上肢動作，故有「一勢多手，一步幾變手」的說法。如南拳競賽套路中的第十一動至十六動，馬步沒變，而上肢卻變換了六次。

南拳多短拳、擅標手、跳躍、腿法動作少，其腿法也大多採用踢、釘、踹、踩、彈等屈伸性腿法和少部分掃轉性腿法，起腿一般要求高不過腰。跳躍動作多以躍步、跨步和其它小跳步為主，故武術諺語中有「南拳北腿」之說。

3. 力發於腰

南拳的發勁要通過腿、腰、背、肩以及全身的協調一致，貫穿順達。拳家說「力，其根在腳，發於腿，宰於腰，形於手」。如一個弓步衝拳，一般由半馬步過渡，通過蹬足、扣膝、掙胯、轉腰、順肩的過程，使力順達於梢（手），出拳帶鑽勁。發勁的技巧講究先蓄後發、先收后放、蓄勁如張弓，發勁如放箭，使勁力表現得既有速度（爆發勁）又有深度（發勁的作用時間長）。

4. 脫肩團胛

南拳的身法講究脫肩團胛。脫肩，是指兩肩有意識地向下沈墜。團胛，是使肩胛骨向前微合，形成團狀。脫肩下沈，有助於臂、肘的勁力。團胛前合，使背部收緊，有助於發勁前的涵蓄。

5. 直項圓胸

南拳的身法還講究直項圓胸。直項是指下頦裡收，使頸部伸直。圓胸，是指胸要微合，稍呈圓形。頸直有助於胸、背、肩、肘的勁力合一，圓胸則有助於沈氣實腹。

6.「五合」、「三催」

「五合」，即手與眼合、眼與心合、肩與腰合、身與步合、上與下合。大凡開步出拳，要身隨步轉、拳隨腰發、收腹蓄勁、先蓄後發。在運動時要求「手到、眼到、身到、步到」，目隨手動、傳神於目、示意於手。要求手、眼、身法、步、精、神、氣、力、功配合協調。「三催」，即步催、身催、手催。

如做一個弓步衝拳時，力之根在腳，要以步催身，以身催手，發力由下至上，一個馬步衝拳時，要借助轉腰順肩的轉動力，力之根在腰、以身催手。

7.氣沈丹田

南拳非常講究氣沈丹田，強調沈氣實腹，使腹肌也加以收縮。沈氣實腹，促使臀部必須收斂。它與脫肩團胛、直項圓胸以及五趾抓地，乃是一個整體，能做到上下完整一體，周身勁力就會凝結到一處。

8. 發聲呼喝

南拳講究發聲，這與其它拳種不同。打練時以氣催力，根據各種不同的勁力，發出各種不同的呼喝聲音，頓時覺得拳勢威猛，氣勢逼人。南拳的發聲，一般有「嘻」、「喝」、「嘩」、「嗱」、「嚽」、「嗌」六音。此外，還有一些是模仿動物的發聲特點，如福建的鶴形拳就是模仿鶴的發聲。南拳的發聲，一般遵循兩個原則：

一是，結合動作發力而發聲，做到氣、力合一。

二是，模仿象形動作因勢發聲，做到形、意合一。

發聲呼喝的作用是：助拳勢、助勁力、助形象，還有助於排除體內餘氣，促進氧化供能。

【健身作用】

1. 有助於機體內臟器官及各系統機能的提高

經有關專家測試，運動員演練一套南拳之後，即刻脈搏每分鐘可達二百次以上，其強度之大可與一百公尺賽跑相比，而且演練的時間按競賽要求不得少於一分二十秒，這對機體內臟器官刺激很大，對呼吸及心臟血管系統等功能要求較高，運動員必須具有良好的身體素質。實踐證明，通過南拳練習，利關節、強筋骨、壯體魄、理臟腑、通經脈、調養氣血，提高人體機能。

2.有助於肢體力量的增長

「勁力充實」是南拳的重要特點之一。勁力的大小，除拳握正確的發勁方法外，還必須有賴於肌肉的絕對收縮力量。所以，進行南拳訓練時，需要採用各種方法提高肢體的力量。如快速左右衝拳、左右掛蓋拳、左右蹬腿、馬步和弓步站樁以及各種步法練習等，都是提高上下肢力量的有效手段。

3.有助於靈活性、協調性的改善

南拳具有起伏轉折、內展騰挪、左顧右盼的技術特點，演練時要求步到手到、手到眼到、眼到神到、神到氣到，內外合一、形神兼備、協調完整。

南拳動作包含著屈伸、回環、跳躍、平衡、跌撲等，需要全身都參與運動，系統地進行南拳訓練，對改善軀體的靈活性、柔韌性、協調性是非常有利的。

4. 有助於意志品質的培養

練習南拳和其它武術一樣，對意志品質的培養是多方面的，練習基本功，首先要過枯燥乏味關，克服好高騖遠的想法，樹立對基礎練習的正確態度。身體素質訓練，要過肌肉酸痛關，不過這一關，就練不出速度、力量和柔韌。套路練習，要經過「冬練三九、夏練三伏」的磨練，需要常年有恆、堅持不懈。參加比賽，可以鍛鍊勇敢堅強的戰鬥意志。

總之，經過長期的鍛鍊，可以培養人們勤奮、刻苦、果敢、頑強、虛心好學、勇於進取的良好習性和意志品德。

(三)、如何練好南拳

學習任何一門科學技術，都要遵循一定的原則和程序，學習南拳也必須經過從簡到繁、從易到難，循序漸進的學習過程。其大體程序，可分作六步功：

●第一步功是步型、步法練習

拳諺說：「未學功夫，先學紮馬。」紮馬練好了，腿力沈實，步勢才能穩紮，運動才有章法。紮馬就是樁功練習，是南拳學習的入門功，也是關鍵的一步功。通過樁功練習，能盡快地掌握南拳基本步型的規格。

樁功練習有靜（紮馬）、動（走馬）兩種形式。

「紮馬」是我們通常說的站樁練習。紮馬練習最大特點是對肌肉的刺激較大，容易加深練習者的本體感覺，加速形成正確的動力定型，練習的動作可以選擇南拳中的主要步型，如馬步、弓步、騎龍步、單蝶步等。

「走馬」就是把重點的步型結合步法中的上步、退步、麒麟步等進行活動性練習。走馬練習，是南拳練習中的重點形式之一，也是提高南拳步型與步法質量，即「下盤功夫」的主要方法。

走馬練習，應該是動靜結合，以動為主，突出重點、全面提高。靜力性練習的時間應視本人條件而定，隨著腿部力量的增長逐漸延長時間，但不得勉強，以免破壞正確的動力定型。動力性練習應強調：「沈氣、坐胯、踩腳和降低重心，加大身體向下的垂直力量，體現穩紮穩打的特點。

●第二步功是基本動作練習

武術中任何一個拳種的風格特點都是通過基本動作來體現的。因此，熟練而準確地掌握南拳的基本動作使其規格化，是南拳入門的重要步驟，練習者應予以高度重視。南拳的方法很多，包括手法、腿法、步法及身法、眼法等，手法中又分掌法、拳法、指法、爪法、肘法和橋法。不可能一開始就練習所有的方法，應根據所學套路的特點選擇一些基本的帶規律性的方法重點練習，一般方法可在套路學習過程中掌握和提高。

首先，應重視建立正確的動作外型。一個動作的外型包括步型、手型、身型、眼神以及面部表情等。外型的正確與否直接體現了技術的優劣。因此，練習者可採用「耗架子」的靜止形式，較快地建立正確的動作外型。

其次，是準確地掌握動作的起止路線、力點和攻防含義。運動路線、著力點、攻防作用是構成武術動作的三要素，不同的路線、力點或攻防作用決定了不同的運動方法，必須要求掌握得準確無誤。

第三，掌握動作的發勁方法和用力技巧。力，要起於根，順於中，達於梢，足、膝、腰、背、肩、肘、腕、手全身九節勁，節節貫穿、協調順達。發勁時要注意先蓄後發、先柔後剛、剛後必柔，有速度、有深度。

●第三步功是組合動作練習

初步掌握了單個方法以後，為使其更加鞏固和熟練，可根據套路編排的特點，把一些主要的基本方法編排成若干個小組合，作為經常的、反覆的訓練內容，這對於強化基本技術和後一階段的套路練習，會有事半功倍的效果。

手眼身法步，精神氣力功，全身內外協調配合，是促使武藝精湛之因素。練習者應該通過組合方法練習，逐步加以體會。體會動作的規格和運動方法，體會動作之間銜接的技巧和連貫性，體會全身的協調配合和氣勢的完整。

需要強調的是有關「氣勢」問題，氣勢即「拳勢」，也稱精氣神或意識。提高南拳中的氣勢，不是靠單一的方法練習就能解決的，必須有賴於練習者對氣勢的含義理解之後，才能達到融會貫通、出神入化的境界。

影響氣勢的因素包括內意識和外形體兩個方面，內意識又分為表演意識和攻防意識；外形體方面有動作造型、手眼配合、以聲助威等諸多因素。

表演意識是指演練者在演練時的一種心理活動，作為演練者要有自信心，要有「鶴立雞群」的自豪感。在這種積極向上的心理誘導下而產生的氣魄和無所畏懼的神態。攻防意識是根據動作的攻防含義而產生的心理活動，練習者要在想像中把自己置身於一場與雄獅猛虎的搏鬥之中，做到動中有法、靜中有勢、勁斷意不斷。

攻防意識的運用方法，主張靜勢時含蓄、集中、逼真，動勢時開放、灑脫。動作造型是指對四肢、軀幹和頭部的要求。拳諺講「動中有靜、靜中有勁」。如何在靜勢中表現出「動態」，關鍵是動作造型。

南拳對造型的基本要求是：重心沈穩，關節鬆沈略彎屈，肌肉收縮適度，寓猶勁於筋骨之中，手眼配合是表現氣勢的主要方面。

「眼是心之窗」，俗話說「眉開眼笑」、「橫眉怒目」、「愁眉苦臉」，通過眉毛、眼睛和面部表情可以反映出人的心理活動。南拳氣勢中的內意識必然反映在眼神和面部上，其一般要求是：靜勢時眉宇略緊（並非皺眉），注視的範圍要窄，閉唇合齒，神態嚴肅微顯怒意，動勢時舒眉睜眼，視野較寬（環視），神態自若。發聲助威則要求「意與氣合，氣與力合，力與聲合」。

演練時通過練習者發出的渾厚聲音，頓時給人以「拳勢威猛，氣勢逼人」之感。提高氣勢，要貫穿於整個練習過程的始終。

●第四步功是學習初級套路

在掌握了南拳的基本功架、基本方法和組合後，轉為套路學習階段，可以說技術已經有了較大長進。然而，初級套路是把一些基本的、帶規律性的重點動作，合理地編排成有起勢、收勢的套路。因此，這還是基礎訓練階段，仍不能放鬆對基本技術的規格要求。應認真體會動作的節奏，正確處理動作的頓挫、蓄發、鬆緊、剛柔、動靜、快慢等，提高套路的演練技巧。注意突出該拳種的風格、特點。

●第五步功是選編符合自己特點的套路進行訓練、提高

當掌握了較紮實的基本技術和具有良好的身體素質以後，通過學習可根據自己的條件創編出一套難度較大的套路，作為經常訓練的內容。這樣，才能使套路風格、演練技巧都獨具一格，讓技術水平發展到一個較高階段。

為此，技術上要精雕細刻、用心揣摩，由熟練變巧練。手眼身法步、精神氣力功的內外配合更加協調完整，在套路的演練中對頓挫、快慢、剛柔、輕重等矛盾處理得更加鮮明、巧

妙，使其風格更加突出。

●第六步功是套路對練或攻防實戰

南拳和其它拳種一樣，都包含有踢、打、摔、拿等攻防技法。通過套路對練和攻防實戰的練習，可以更加準確地掌握和理解動作的攻防含義，提高攻防技能。為此，要苦練踢、打、摔、拿的單個技法，也就是我們常說的「散招」訓練。在反覆練習基本組合的基礎上，加強兩人或多人的配合練習，培養攻防意識，準確地掌握攻防時機和有效的距離，做到配合默契，動作逼真。

攻防實戰更要遵循循序漸進、由簡到繁、逐步提高的原則，加強軀幹及橋馬（手、腳）的抗打能力訓練。在實戰的初級階段，應帶護具以加強安全保護措施，避免出現傷害事故。

上述練功步驟與要求，不是截然分開的，它只說明練功的程序，練習者必須根據自己的情況靈活掌握、合理運用。

第二章

基本技術

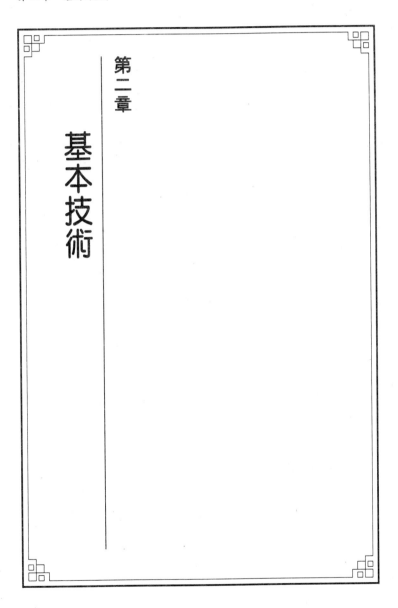

基本技術包括基本手型、步型、手法、步法、腿法等。掌握好基本技術，無論對初學者或有一定基礎的人來說，都是非常重要的。

(一)、基本手型

1.平拳

五指捲曲握緊，拳面要平，拇指壓於食指和中指的第二指節上，任何指骨都不得凸出拳面（圖一）。

2.柳葉掌

拇指彎屈，其餘四指伸直併攏（圖二）。

圖 1

圖 2

3.虎爪

五指用力張開，第二、三節指骨彎屈，第一節指骨儘量向手背的一面伸張，使掌心凸出（圖三）。

4.鷹爪

拇指彎屈外展，其餘四指併緊，使第二、三節指骨彎屈，但不得屈攏（圖四）。

5.鶴嘴手

五指捏攏，指尖要平，直腕（圖五）。

6.單指

食指伸直，其餘四指的第一、二節向內緊屈（圖六）。

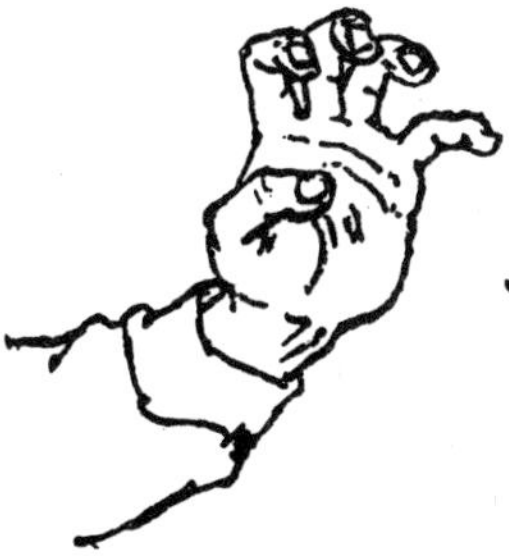

圖 3

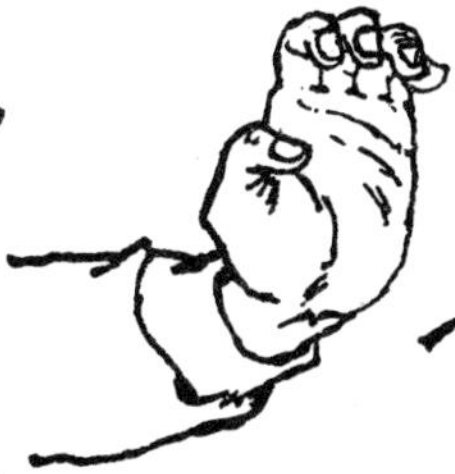

圖 4

圖 5

圖6

(二)、基本步型

1.馬步

兩腳分開，距離約三腳長，腳尖正對前方，屈膝半蹲，膝部與腳尖垂直，上身正直，收腹斂臀，雙手握拳置於腰兩側（圖七）。

【要點】膝蓋與腳尖成垂直線，收腹、立腰，腳外緣用勁，使兩腳尖正對前方。

2.弓步

兩腳前後分開，距離約三腳長。前腳腳尖裡扣，斜向前方，屈膝半蹲，膝部與腳尖垂直。後腿挺膝伸直，腳尖裡扣；兩

圖7

圖8

腳全腳掌著地（圖八）。

【要點】上體正直，臀部收斂，前腳踩、後腳蹬。

3. 虛步

又名吊馬。以左虛步為例，左腿微曲前伸，腳前掌虛點地面。右腿屈膝半蹲，腳尖斜向前方。收腹斂臀，重心落於右腿（圖九）。

【要點】虛實要分明，上體保持正直。

4. 拐步

兩腿前後交叉。前腿屈膝下蹲，腳尖外展（約九十度）；後腿屈膝下跪，膝部接近地面，腳跟離地，收腹斂臀（圖

圖9

圖10

十）。

【要點】上體保持正直，沈氣、坐胯、前腳踩地。

5. 騎龍步

前腿屈膝半蹲，全腳掌著地。後腿屈膝下跪（不得貼地），前腳掌著地，兩腳間相距約三腳長（圖十一）。

圖11

【要點】上體正直，收腹沈胯，重心偏於前腿。

6. 跪步

兩腳前後分開，距離約兩腳長。前腿屈膝下蹲，後腿屈膝下跪，膝部接近地面（不得觸地），腳跟離地，臀部後坐（圖十二）。

圖12

【要點】

上體正直，重心略偏後腿。

7. 半馬步

兩腳左右分開，距離約二至三腳長，屈膝半蹲、左腳腳尖朝左，右腳腳尖朝前，重心偏於右腿（如右腳尖外展，則重心偏於左腿），收腹斂臀（圖十三）。

【要點】

腰微向左轉，收腹斂臀，上體正直。

8. 獨立步

一腿伸直站立支撐體重，另一腿屈膝提起，腳面繃直，腳尖朝下；收腹立腰，站立要穩（圖十四）。

【要點】

支撐腳五指抓地，挺膝、沈氣。

9. 單蝶步

圖14

圖13

圖15

一腿屈膝下蹲，另一腿跪地（小腿內側貼地），收腹立腰（圖十五）。

【要點】下蹲腿全腳掌著地，腳跟與跪地腿的膝蓋基本平行。

(三)、基本步法

1.上步

後腳向前邁步。

【要點】除下接跳躍動作外，一般重心較低，全腳掌著地，沈胯、踩腳。

2.退步

前腳向後退步。

【要點】步幅適當加大，前腳掌著地，重心下沈。

3. 拖步

前腳向前跨一大步，後腳拖地跟一小步。

【要點】前腳向前跨步時要充分借助後腳的蹬勁，跨步的大小與拖步基本一致。

4. 蓋步

一腳經另一腳前橫邁一步，全腳掌著地，腳尖外擺，兩腿交叉。

【要點】步幅要大，坐胯、跪膝、重心下沈。

5. 插步

一腳經另一腳後橫邁一步，前腳掌著地，兩腿交叉。

【要點】步幅較大，重心要低，胯下沉。

6. 走三角步

①由併步開始，左腳向右前方上步，腳尖外擺，膝微屈；右腿屈膝下跪，腳跟離地（圖十六）。

②右腳由後經左腳前繞上一步，腳尖裡扣，膝微屈，左腳腳跟離地，微屈膝（圖十七）。

③身體左轉，左腳弧形後退一步，轉身成弓步或馬步圖十八）。

【要點】重心下沉，上體中正，擺扣步適度。

圖16

圖17

圖18

(四)、基本手法

拳法

1.左右前衝拳

①由馬步抱拳開始。右拳向前衝出，拳心朝下成平拳（拳眼朝上為立拳），高與肩平，目視右拳（圖十九）。

②右拳收回腰間。同時，左拳向前衝出，拳心朝下，高與肩平，目視左拳（圖二十），反覆練習。

【要點】

衝拳時以腰發力，上臂催前臂，力達拳面，當肘關節將要離開腰部的瞬間，臂內旋，以氣催力，拳帶鑽勁。收拳時主動屈肘後拉，前臂外旋，拳走直線。

圖19

圖20

圖21

【攻防含義】

前衝拳是正面進攻對方的一種方法，擊打部位主要是對方的頭部、胸部和腹部。

【易犯錯誤】

①衝拳時肘關節先動，出現「撩拳」。

②聳肩。

【糾正方法】

①面對鏡子或由同伴幫助，檢查衝拳時肘關節是否外展，並著重體會，以肩催肘、肘催手、力貫拳面的要點。

②放慢速度練習，肩關節放鬆，體會「沈肩垂肘」的要點。逐漸加快衝拳的速度，加強肩關節靈活性、柔韌性練習。

2.左右側衝拳

①由兩腳併步、抱拳開始。右拳從腰間向右側衝出，拳眼朝上，高與肩平，目視右拳（圖二十一）。

②右拳收回腰間，左拳向左側衝出，拳眼朝上，高與肩平。目視左拳（圖二十二），反覆練習。

【要點】

挺胸、立腰、豎項，以肘催手，拳面領先，沈肩旋臂。

【攻防含義】

攻擊對方的肋部。

圖22

【易犯錯誤及糾正方法】

參考前衝拳。側衝拳更易出現「撩拳」的錯誤，糾正時側對鏡子，放慢速度練習，待基本正確以後再按正常速度練習。

3. 左右弓步撞拳

①由併步抱拳開始，左腳向左側橫跨一步，左腿屈膝成左弓步。同時，右拳屈肘由下向前、向上勾撞，拳面朝上，拳心朝裡，高與肩平。目視右拳（圖二十三）。

②以兩腳掌為軸，身體右轉一八〇度，右腿屈膝，成右弓步。同時，左拳屈肘由下向前

、向上勾撞，拳面朝上，拳心朝裡，高與肩平；右拳收抱於腰間，拳心朝上。目視左拳（圖二十四）。反覆練習。

【要點】

撞拳要充分借助扣膝、轉腰的力量，發短勁，手腕微向裡扣，力達拳面，上臂與前臂的夾角約在九〇度至一百度之間。

【攻防含義】

假設對方以頂肘（近距離）攻擊我頭部或胸部，我迅速向左或向右側閃躲，以短撞拳反擊其腹部、胃部。

【易犯錯誤】

預擺，即撞拳之前臂由腰間先向後擺，然後再向前、向上撞出。從實戰角度分析，拳向後擺，一則容易過早暴露進攻意圖，二則路線長，易被對方截擊或做出有效的防守。

【糾正方法】

先不強調用力，注意改正出拳的起止路線，以便儘快形

圖24

圖23

圖25　圖26

成正確的動力定型。

4.左右弓步蓋拳

①由併步抱拳開始。左腳向左側邁步，同時身體左轉，腳尖朝前，屈膝半蹲成左弓步。同時，左拳向左側伸出後直臂向下、向體後掄擺至與肩同高，拳心朝下，右拳向右側伸出後直臂向上、向左弧形掄蓋至體前，拳心斜朝裡，力達拳面。目視右拳（圖二十五）。

②身體右轉一八〇度，左腿挺膝伸直，右腿屈膝半蹲成右弓步。同時，右拳由前向上、向下、向體後掄擺至與肩同高，拳心朝下；左拳由後經下向上、向前弧形掄蓋至體前，拳心斜朝裡，力達拳面，目視左拳（圖二十六），左右反覆練習。

【要點】

轉體時，以腰帶臂、臂繞經體側沿立圓運行，腰背發力，收腹含胸，下蓋到終點要制動，發力要明顯。

【攻防含義】假設對方以蹬腿或衝拳攻擊我腹部或肋部時，我迅速以臂（橋）反手下掛，另一拳從上往下蓋劈對方頭或背部。

【易犯錯誤】①蓋拳時沒有以腰帶臂，腰背發勁不明顯，後腿腳跟拔起。

②蓋拳時身體失去平衡。

【糾正方法】①慢動作體會以腰帶臂，力發於腰的要點，並注意蓋拳時後腳用力後蹬。

②體會蓋拳完成的瞬間，兩臂一前一後對稱相拉的「內力」，同時擰腰挣胯，兩腳五趾用力下踩。

5. 左右弓步拋拳

①由併步抱拳開始。身體左轉，左腳向左側邁出一步，屈膝半蹲成左弓步。同時，左拳直臂向左後側擺至與肩同高，拳心朝下；右拳直臂向右斜上方拋起，拳舉於頭上方，拳眼朝

後。目視右前方（圖二十七）。

②身體右轉，右腿屈膝半蹲成右弓步。同時，右拳直臂由上向下、向右弧形擺至右後方，與肩同高，拳心朝下；左拳向下、經體側向左斜上方拋起，拳舉於頭上方，拳眼朝後，目視左前方（圖二十八），左右反覆練習。

【要點】

拋拳路線由下向斜上，緊貼身體，臂外旋，力達拳眼（或前臂繞骨側），收腹立腰。

【攻防含義】

拋拳是一種防守性方法。假設對方以拳或掌攻擊我頭部或胸部，我則向左或右躲閃。同時，以前臂（橋手）由下向斜上格挑對方進攻之手，隨即以拳或腿反擊均可。

【易犯錯誤】

拋拳時兩臂遠離身體，沒能起到防守的作用，屈肘，前臂後甩。

圖27

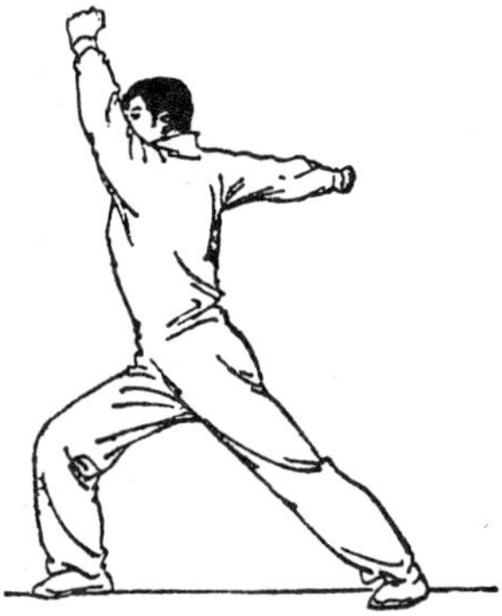

圖28

【糾正方法】

面對鏡子檢查拋拳路線是否正確，也可請同伴做進攻動作，體會防守效果。強調臂要外旋，肘關節不能放鬆。

6. 馬步左右掛拳

①由馬步抱拳開始。左拳向內經上向左側抄掛，臂微曲，拳心朝上，力達拳背。目視左拳（圖二十九）。

②右拳向內經上向右側抄掛，臂微曲，拳心朝上，力達拳背。同時，左拳收抱於腰間，拳心朝上，目視右拳（圖三十），左右反覆練習。

【要點】

掛拳時臂先內旋後外旋，經體前立圓運行，眼隨手動，以腰帶臂，手腕微扣。

【攻防含義】

假設對方以腿法攻擊我腹部時，我迅速向左或右側閃

圖29

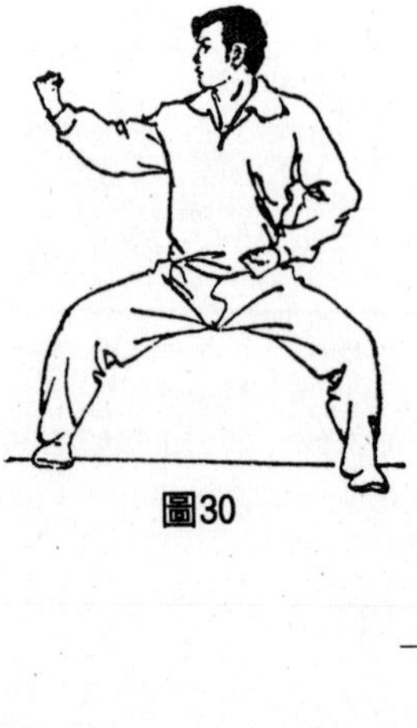

圖30

圖31

圖32

，邊抄（防守）邊掛擊其頭部。

【易犯錯誤】

臂太直，發力不明顯。

【糾正方法】

①慢速度體會掛拳時臂的運行路線及外形動作。

②兩人配合做攻防練習，體會用力方法和力點。

7. 左右弓步掃拳

①由併步抱拳開始。左腳向左橫跨一步，左腿屈膝，右腿伸直成左弓步。同時，身體左轉，右拳內旋側伸，直臂向前、向左平行掄掃，屈臂於胸前，拳心朝下，力達拳面，目視前方（圖三十一）。

②身體右轉，左腿伸直，右腿屈膝成右弓步。同時，左拳內旋側伸，直臂向前、向右平行掄掃，屈臂置於胸前，拳心朝下，力達拳面；右拳隨體轉收回腰間。目視前方

（圖三十二）反覆練習。

【要點】以腰帶臂，力發於腰。掃拳時以肩關節為軸，臂由直至曲，加快掃拳速度。

【攻防含義】向左右掄掃擊打對方的頭部側面或肋部。

【易犯錯誤】臂的掄掃幅度小，腰、臂用力不協調。

【糾正方法】掃拳時強調臂要先直後屈，重點體會以腰帶臂的技巧，提高全身的協調性。

8. 左右插步鞭拳

①由併步抱拳開始。左腳向左側跨一步，微屈膝，腳尖朝前。同時右拳變掌伸至右側，拇指側朝上；左拳平屈於胸前。動作不停，右腳經左腿後向左側插一步，腿伸直，腳跟離地。同時，左拳由體前向左側鞭甩，拳眼朝上，力達拳背（鞭擊的部位有上、中、下之分）；右掌附於左肩前。目視左拳（圖三十三、三十四）。

圖33

圖34

②右腳向右側跨一步，腳尖朝前，微屈膝。同時左拳變掌，右掌變拳。動作不停，左腳經右腿後向右側插一步，腿伸直，腳跟離地。同時，右拳由體前向右側鞭甩，拳眼朝上，力達拳背。左掌附於右肩前，目視右拳（圖三十五、三十六），左右反覆練習。

【要點】

插步、鞭拳、轉頭要協調一致，鞭拳時以

圖35

圖36

肘關節為軸，臂由屈至伸，發力乾脆，甩臂明顯。

【攻防含義】

橫向攻擊對手的側面。

【易犯錯誤】

上下不協調，前臂的鞭甩不明顯或直臂擺動。

【糾正方法】

①原地練習前臂的鞭甩動作，強調以肘關節為軸，由屈至伸，由鬆至緊的發勁方法。

②慢速度的完整動作練習，重點體會上下的整體配合。

9.左右騎龍步劈拳

①由併步抱拳開始。左腳向左側跨一步，左腿屈膝半蹲，右腿屈膝下跪成左騎龍步。同時，右拳由腰間經上向斜下直劈，拳心朝裡，力達拳輪；左拳隨之架於頭上方，目視右拳（圖三十七）。

②身體右轉，右腿屈膝半蹲，左腿屈膝下跪成右騎龍步。同時，左拳由上向斜下直劈，拳心朝裡，力達拳輪；右拳經臉前向頭上架起，目視左拳（圖三十八）。反覆練習。

圖37

圖38

【要點】

劈拳時臂微內旋，以拳輪為力點，扣膝、切胯、轉腰要一致。

【攻防含義】

假設對方以腿法攻擊我膝關節以下部位，我迅速側閃以劈拳防守。

【易犯錯誤】

臂太直，劈拳時沒有充分借助轉腰切胯的力量，發力不整。

【糾正方法】

原地體會劈拳的外形動作，做騎龍步劈拳時重點體會以腰帶臂，轉腰切胯的重點。

圖39

圖40

掌　法

1. 馬步左右推掌

①由馬步抱拳開始。左拳變掌用力向前推擊，掌指與肩平，目視左掌（圖三十九）。

②右拳變掌用力向前推擊，掌指與肩平。同時，左掌變拳收抱於腰間，拳心朝上，目視右掌（圖四十）。反覆練習。

【要點】

臂由屈至伸，推掌時，臂肌收縮適度，發力於腰，力達掌根或掌的外緣。推掌可分為雙推、單推、橫手推和蝶手推等。

【攻防含義】

直線正面攻擊對手腹部以上的部位。

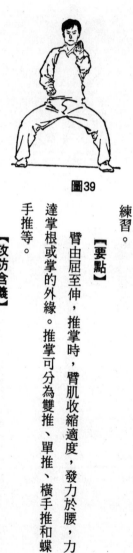

易犯錯誤及糾正方法：

參閱衝拳。

2. 馬步挑掌

由馬步抱拳開始。兩拳變掌經內向上、向外弧行挑起，兩掌心朝內，掌指略高於肩，目視前方（圖四十一）。

圖41

【要點】

掌經內向外弧形挑起，以肘關節為軸，以拇指側為力點，兩肘下垂微向內合。

【攻防含義】

假設對方直線或橫擊我胸部以上部位時，即以挑掌進行防守。

【易犯錯誤】

肘關節外張，前臂外展幅度過大。

【糾正方法】

①擺架子體會正確動作的姿勢。

②兩人一攻一防的配合練習，要求動作到位。

3. 虛步撥掌

由虛步推掌開始。左掌由外向內劃弧為撥，力達掌心。目視左掌（圖四十二、四十三）。

【要點】掌向內劃弧幅度不宜過大，掌心朝內，肘微屈下沈，腕關節保持緊張。

【攻防含義】設對方以直線拳法或掌法攻擊我胸部以上部位時，即以撥掌防守。

【易犯錯誤】臂太直，幅度太大，腕關節鬆懈。

【糾正方法】兩人一攻一防的配合練習，體會防守的要點。

圖43

圖42

4. 馬步標掌

由馬步抱拳開始。兩拳變掌直線向前標出，臂高與肩平，掌心相對，力達指尖，目視兩掌（圖四十四）。

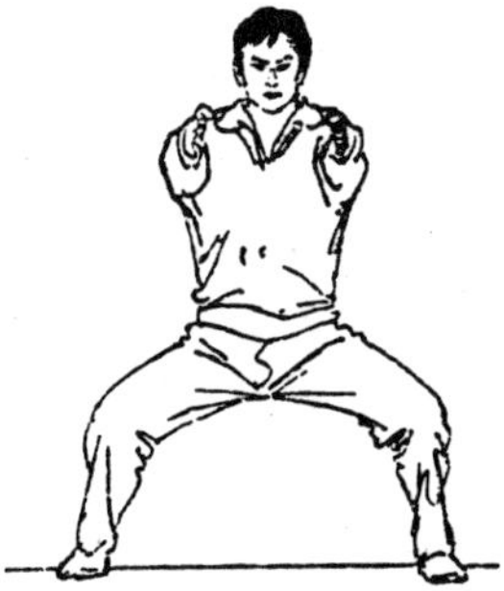

圖44

【要點】

臂由屈至伸，以掌領先，以肘催手，用力要短、快，臂肌保持一定的緊張度。標掌分直掌前標，俯掌前標，仰掌標，單、雙標掌。

【攻防含義】

正面攻擊對方的胸、腹或面部。

【易犯錯誤】

聳肩、肘關節先動而出現的「甩掌」。

【糾正方法】

練習時勿強調用力，著重體會肩關節下沈和以掌領先，垂肘的要點。

圖45

圖46

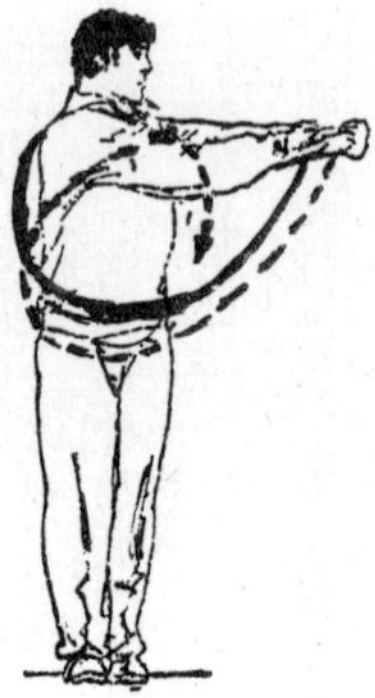
圖47

5.盤手雙推拳

①由併步抱拳開始（圖四十五）。

②兩拳變掌，從左向上經臉前向右盤手，左掌置於右胸前，掌心朝右，掌指朝上；右掌置於右腰側，掌心朝前，掌指朝下。目視左側（圖四十六），此勢稱為右側蝴蝶掌（下同）。

③兩掌同時向左側平推，兩肘微屈；左掌心朝下，右掌心朝上，掌指均朝右，小指側成一橫線，高與胸平，目視兩掌（圖四十七）。

④兩掌由左向下，向右經臉前向左盤手，右掌置於左胸前，掌心朝左，掌指朝上；左掌置於左腰側，掌心朝前，掌指朝下。目視右側（圖四十八）。此勢稱為左側蝴蝶掌（下同）。

⑤兩掌同時向右側平推，兩肘微屈；左掌心朝上，

圖48

圖49

右掌心朝下，掌指均朝左，小指側成一橫線，高與胸平，目視兩掌（圖四十九）。左右反覆練習。

【要點】

盤手以肘關節為軸盤繞，高不過頭，低不過腹，不可停頓，繞行時兩臂要靠近軀幹。推掌時兩掌小指側齊平，向左推掌時左臂成半圓，右肘下沈，向右推掌時則右臂成半圓，左肘下沈。

【攻防含義】

此法是一種由防守轉反擊的連環手法，假設對方以直線拳法或掌法攻擊我胸腹部時，我迅速以盤手挑撥其臂，即以雙掌推擊其肋部。

【易犯錯誤】

兩臂繞行盤手時，幅度太大或一先一後，推掌時兩小指側不平。

【糾正方法】

圖50

圖51

圖52

①體會左右抱蝴蝶掌的姿勢。

②體會雙推掌的正確外形。

③兩人做攻防練習，體會兩臂的盤手路線。

6.左右拐步盤手雙推掌

①由併步抱拳開始。左腳向右前方上步，腳尖外擺，右腳跟提起，兩膝彎屈成左拐步。同時，兩拳變掌經體前下落向左弧形托起，左掌心朝上，右掌心朝下，目視兩掌（圖五十）。

②上動不停。右腳經左腳前上步，腳尖外擺；左腿屈膝，腳跟離地成右拐步。同時，兩掌繼續向上經臉前向右盤手，成右側蝴蝶掌，目視兩掌（圖五十一）。

③左腳向左側上步，左腿屈膝、右腿挺膝成左弓步。同時，兩掌向前平推，目視兩掌（圖五十二）。

④右腳向左前方上步，腳尖外擺；左腳跟提起，兩

圖53

圖54

圖55

腿彎屈成右拐步。同時，兩掌下落，經腹前向右側弧形托起，右掌心朝上，左掌心朝下，目視兩掌（圖五十三）。

⑤左腳由後經右腳前上步，腳尖外擺，右腳跟提起，兩腿彎屈成左拐步。同時，兩掌繼續向上經臉前向左盤手，成左側蝴蝶掌（圖五十四）。

⑥右腳向右側上步，屈膝半蹲，左腿挺膝伸直成右弓步。同時，兩掌向前平推，目視兩掌（圖五十五）。

行進間反覆練習。

【要點】

左右拐步重心要平穩，行走速度逐漸加快，步幅適當大些；行走時沈氣、坐胯、兩足下踩、收腹斂臀，四平八穩；弓步推掌前要有半馬步蓄勁的過程。盤手的要點參考掌法之五。

【攻防含義】

參考盤手雙推掌，唯不同的是此式要有進步追擊的意識。

【易犯錯誤】

①步幅太小，甚至做成併步；

②步法輕飄，沒能體現沈著穩重的特點；

③身體前傾，突臀；

④盤手時兩臂繞行幅度太大，不圓活。

【糾正方法】

出現前三種錯誤的原因是，未能正確掌握左右拐步的技術，或者腿部力量不足所致，可專門練習拐步，改正第④種錯誤參考盤手雙推掌。

爪　法

1. 左右弓步抓面爪

①由併步抱拳開始。左腳向左側開步，腳尖朝左，兩膝彎曲成半馬步。同時，左拳變虎爪從腰間經外向裡下按，手心朝前，目視左爪（圖五十六）。

②身體微左轉，左腿屈膝，右腿蹬地挺膝成左弓步。同時，右拳變虎爪由腰間向前抓擊，手心朝前，高與面平；左虎爪置於右肘內側，手心斜朝下，目視右爪（圖五十七）。

③右腳上步，身

圖56

圖57

圖58

圖59

體左轉，兩膝彎曲成半馬步。同時，左虎爪變拳收回腰間，拳心朝上；右虎爪略經外向裡下按，手心朝前。目視右爪（圖五十八）。

④身體微右轉，右腿屈膝，左腿蹬地挺膝成右弓步。同時，左拳變虎爪由腰間向前抓擊，手心朝前，高與面平，右虎爪置於左肘內側，手心斜朝下，目視左爪（圖五十九）。該動作在行進間反覆練習。

【要點】

上步要沈穩，半馬步時閉氣蓄勁，弓步抓面爪的發力由下至上，充分借助後腿的蹬勁，軀幹微微前傾，做到形（虎形）意合一。

【攻防含義】

假設對手以手法攻擊我胸部上下，即以一爪下按防守，另一虎爪反擊其面部。

【易犯錯誤】

上步時重心起伏，腰、腿的發力不明顯。

【糾正方法】

重心起伏可能是腿部力量不足，應加強馬步或半馬步的站樁，多做由半馬步轉弓步的發力練習。

2. 虛步鶴嘴手

①由併步抱拳開始。左腳向前上步，身體微左轉。右拳變掌向右前上方穿出，掌心朝上；左拳變掌自然後擺，掌心朝下。目視右掌（圖六十）。

②上動不停。軀幹微右轉，右掌以腕為軸沿逆時針方向纏繞一周，變鶴嘴手向右上方啄擊，指尖朝外。目視右手（圖六十一）。

③上動不停。右腳向前上步成右虛步，軀幹微右轉，左掌變鶴嘴手，繞經左肩外側向右前上方啄擊，指尖朝右，與太陽穴同高，左臂微屈，肘關節下垂；右鶴嘴手隨屈肘拉至右肩側，指尖朝外。目視左手（圖六十二）。

【要點】

以上動作要連貫，虛步定勢時手腳配合要完整，軀

圖60　圖61　圖62

幹略向右擰轉，右臂內旋，左臂外旋；鶴嘴手五指捏攏，直腕。

【攻防含義】

假設對方以貫拳攻擊我頭部右側，我以右手穿繞進行刁拿（防守），即以左鶴嘴手攻擊其面部或頭側面。

【易犯錯誤】

身體上下不協調；攻防方法不清楚；鶴嘴手屈腕。

【糾正方法】

①原地體會鶴嘴手的攻防方法，也可做兩人攻防練習。

②放慢速度練習，重點體會身體上、下的配合。

肘　法

1. 插步撞肘

①由併步抱拳開始。左腳向左側跨步，腳尖朝前。同時，左臂屈肘向胸部抬起，拳心朝下，目視左拳（圖六十三）。

圖63

圖64

②右腳經左腿後向左側插步，軀幹微向左擰轉。同時，左肘向左側平撞，力達肘尖。目視左肘（圖六十四）。

③右腳收回還原成併步抱拳，左右交替練習。

【要點】

插步與撞肘要一致，發力時以腰催肘，擰腰轉頭。

【攻防含義】

在近距離格鬥時，以撞肘攻擊對方的胸、腹、肋，殺傷力較強。

【易犯錯誤】

發力不協調，撞肘時臂走弧線。

【糾正方法】

撞擊沙包或請同伴伸手為靶，體會撞肘的發力方法和運行路線。

2. 單蝶步拍肘

①預備式為併步抱拳（圖六十五）。

②左腳向左側跨步，屈膝全蹲，右腿屈膝，小腿內側貼地成單蝶步。同時，左拳變掌伸至左胸前，掌心朝上；右臂屈肘，肘尖經上向前、向下運行，左掌心拍擊右肘，力達肘尖。目視右肘（圖六十六）。

③身體起立，左腳向右腳併步，還原立正姿勢。左右交替練習。

【要點】

轉肩、擰腰，以腰發力促使肘部撞出。

【攻防含義】

在近距離實戰時，攻擊對方的背部或頭部。

【易犯錯誤】

腰部發力不明顯，用勁不協調。

【糾正方法】

參考插步撞肘。

圖65

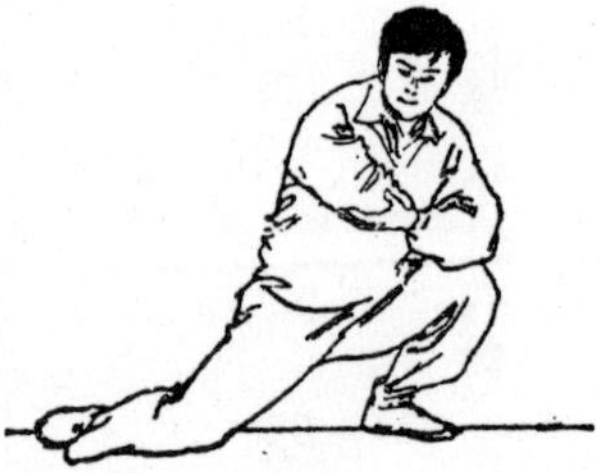

圖66

3. 弓步擔肘

圖67

①由併步抱拳開始。左腳向左前上步，左腿屈膝，右腿挺膝伸直成左弓步。同時，左拳變掌伸至體前按摩，掌指朝右，掌心朝下；右臂屈肘由下向左上方挑起成擔肘，力達肘尖。目視右肘（圖六十七）。

②重心右移，左腳向右腳併步，還原立正姿勢。左右交換練習。

【要點】

屈臂向上擔起時應以腰發力為主，肘尖略高於肩，軀幹保持正直。

【攻防含義】

在近距離實戰時，以左手防守並壓住對方的上肢，即以擔肘攻擊其下頦或面部。

【易犯錯誤】

軀幹歪斜，發力不協調，力點不明顯。

【糾正方法】

①面對鏡子，體會正確的身體姿勢。

②請同伴伸手為靶，用肘挑擊手靶，體會擔肘的發力要領。

橋　法

所謂橋法，就是上肢動作的運使。橋有長橋、短橋之分。直臂為長橋，屈臂為短橋。

1. 圈橋

【預備勢】

半馬步抱拳。

【動作說明】

以左手圈橋為例，左拳變掌，左臂側伸，以肘關節為軸，前臂向內或向外沿立圓圈繞（圖六十八、六十九）。

【要點】

圖69

圖68

圖70

圖71

圈橋時肩關節保持下沈。

【攻防含義】
防守對方向我胸腹部進攻。

【易犯錯誤】
聳肩或肩關節緊張。

【糾正方法】
放鬆肩關節。

2. 纏橋

【預備勢】
右弓步抱拳。

【動作說明】
以左手纏橋為例，左拳變掌，左臂側伸，以手腕活動為主，向內或向外劃立圓後，隨即成擒拿手狀（圖七十、七十一）。

【要點】

纏橋時上肢保持鬆、沈，纏手後即變擒拿動作。

【攻防含義】

纏橋是一種刁腕擒拿的手法。

【易犯錯誤】

肘關節也隨之繞行。

【糾正方法】

兩人進行纏橋拿腕的攻防練習。

3.盤橋

【預備勢】

前後開步抱拳。

【動作說明】

以左手盤橋為例，左掌變掌，左臂側伸，以肩關節為軸，臂向內立圓圈繞，掌指朝上，掌心朝外（圖七十二）。

圖72

圖73

圖74

【要點】

沈肩垂肘，臂保持適當的彎屈。

攻防含義、易犯錯誤及糾正方法均參考圈橋。

4. 沈橋

【預備勢】

兩腳開立步（二字馬步），兩臂屈肘伸至臉前，掌心朝裡（圖七十三）。

【動作說明】

兩臂屈肘內旋同時下沈使前臂用力向下壓，掌心朝下（圖七十四）。

【要點】

沈肩夾肘，臂肌保持適度緊張。

【攻防含義】

用於防守對方以各種手法從側面攻擊我腹部或肋部。

【易犯錯誤】

臂肌放鬆，未夾肘。

【糾正方法】
多做正確動作的靜止練習，以加深本體感覺。

5. 劈橋

【預備勢】
馬步抱拳。

【動作說明】
以左劈橋為例，兩拳變掌，以左前臂外緣（小指側）為力點，經上向斜下劈至體前，掌心朝上。同時，右掌附於左肘內側，掌心朝下（圖七十五）。

【要點】
沈肩、轉腰，腕關節保持緊張。

【攻防含義】
防對方以手法或腿法攻擊我腹部以下部位。

【易犯錯誤】
直臂、上肢肌肉放鬆。

圖75

圖76

【糾正方法】

兩人進行一攻一防練習，體會正確的方法。

6.攻橋

【預備勢】

馬步抱拳

【動作說明】

兩拳變掌，兩臂內旋向前撞擊，肘微屈，掌心朝下，力達掌外緣（圖七十六）。此勢為雙攻橋，如單臂向前撞擊為單攻橋。

【要點】

旋臂、屈肘，以腰摧手。

【攻防含義】

主要用於防守對方的正面攻擊，在近距離實戰時，也可攻擊對方的胸肋部。

圖77

【易犯錯誤】

臂太直，力點不準。

【糾正方法】

多做攻橋的靜止姿勢。

7. 膀橋

【預備勢】

左弓步抱拳

【動作說明】

以右膀橋為例，兩拳變掌，右臂內旋，由外向內滾動挫出，臂微屈，掌心朝外，力達前臂內側（拇指側）。同時，左掌附於右上臂內側，掌心朝外（圖七十七）。

【要點】

旋臂與挫擊要同時。

【攻防含義】

防對方以手法或腿法攻擊我腹部上下部位。

【易犯錯誤】

臂太直，旋臂不充分，缺乏挫擊力。

8.截橋

【預備勢】

左弓步抱拳

【動作說明】

以右截橋為例，兩拳變掌，右臂外旋屈肘，以前臂外側（小指側）為力點，由外向內截擊，掌心朝內，掌指朝上。同時，左掌附於右上臂內側，掌心朝內（圖七十八）。

【要點】

臂外旋，以腰轉促使截橋發力。

【攻防含義】

主要用於防對方以手法正面攻擊我胸部以上部位。

【易犯錯誤】

圖78

臂外旋不充分，以腰發勁不明顯。

【糾正方法】放慢速度練習，注意前臂外旋，體會力發於腰的技巧。

9. 架橋

【預備勢】半馬步抱拳

【動作說明】以左手架橋為例，左拳變掌，左臂內旋，以前臂外側（小指側）為力點，向頭上架起，肘微屈，掌心斜朝上（圖七十九）。

【要點】屈臂內旋，架橋略高於頭。

【攻防含義】主要用於防對方以手法攻擊我頭部。

圖79

圖80

圖81

【易犯錯誤】

臂太直或架橋的高度不準確，未能起到防守的效果。

【糾正方法】

請同伴做劈拳的攻擊方法，體會架橋的高度和正確姿勢。

10.穿橋

【預備勢】

左弓步右衝拳。

【動作說明】

以左穿橋為例：左拳變掌經右臂下面向前向外劃弧穿出，腕外展，指尖朝後，同時上體微右轉成半馬步，右拳收抱於腰間。目視左手（圖八十、八十一）。

【要點】

展腕、沈肘，穿橋時右臂用力回拉。

【攻防含義】設右腕被對方抓握，即以左穿橋解脫。

【易犯錯誤】穿橋時未經另一臂的下面穿出，手腕沒外展。

【糾正方法】專門體會展腕的手型，然後請同伴抓握手腕，體會使用穿橋解脫的方法。

(五)基本腿法

1. 前蹬腿

腿由屈到伸，腳尖翹起，以腳跟為力點向前猛力蹬出，上體保持正直，目視蹬腿方向（圖八十二）。

【要點】

圖82

圖83

蹬腿是屈伸性腿法，提膝與蹬腿要連貫，提膝時小腿放鬆，蹬腿時爆發式用力；支撐腳五趾抓地、收腹、立腰、緊臀。

【攻防含義】

正面進攻，主要攻擊對方的胸、腹部。

【易犯錯誤】

①屈膝上抬高度不夠，出現「撩腿」。

②送髖，上體後仰。

③踝關節放鬆，力點不準確。

【糾正方法】

①採用分解練習法，即先提膝後蹬腿，但不宜練習過度，以免影響動作的連貫性。

②降低蹬腿高度，重點體會收髖和上體保持正直。

③多做腳掌勾、繃的變換練習，提高踝關節的靈活性。

2. 前釘腿

一腿屈膝提起，由屈到伸，迅速向前下方釘踢，腳尖繃直，高不過膝，目視腳尖（圖八十三）。

【要點】

提膝時以大腿帶小腿，踝關節放鬆，釘腿時挺膝，腳面用力繃直，發勁快、脆。

【攻防含義】

攻擊對方的脛骨。

【易犯錯誤】

①膝關節不直，腳尖繃得不緊。

②彈踢時缺乏爆發勁。

【糾正方法】

①重點體會挺膝繃腳。

②釘腿時注意掌握先鬆後緊的用勁技巧。

3. 踩腿

一腿屈膝提起，膝關節外展，由屈到伸，迅速向前下方踩出，腳尖勾緊並翻轉朝外，高不過膝。目視腳跟（圖八十四）。

【要點】

邊屈膝邊外展，腳尖盡量朝外，用勁短促、乾脆，力達腳掌內側。

【攻防含義】

攻擊對方的脛骨或截擊對方的釘腿。

易犯錯誤：

①膝關節外展及腳尖翻轉不夠。

②腿的屈伸不明顯。

【糾正方法】

①一手扶牆或肋木，練習提膝翻腳動作。

圖84

圖85

圖86

②強調提膝保持一定的高度，腿先屈後伸。

4. 側踹腿

由叉步抱拳開始：右腿支撐，左腿屈膝側抬，由屈到伸，腳掌用力向左上方踹出，腳高於胯，挺膝，腳尖勾緊，腳外緣朝上。目視左腳（圖八十五、八十六）。

【要點】

屈膝時小腿放鬆，踹腿時挺膝、開髖、勾腳，支撐腿伸直，腳五趾抓地。

【攻防含義】

踹腿主要攻擊對方軀幹以上部位。

【易犯錯誤】

腿屈伸不明顯，收髖。

【糾正方法】

練習者可以手扶在肋木上，降低踹腿高度，重點體會

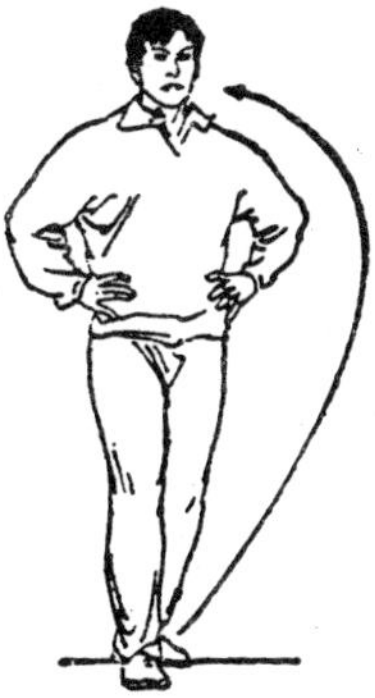

圖87

圖88

腿由屈到伸和開髖的技術。

5. 橫釘腿

兩腿右前左後站立，右腿支撐，腳尖略外轉，左腿屈膝側抬，腳由左側向斜上方猛力橫釘，腳尖勾起，高於腰，力達腳前掌。目視腳尖（圖八十七、八十八）。

【要點】

抬腿時以大腿帶小腿；釘腿時腿部屈伸明顯，先鬆後緊，快速用力，勾腳收腹。

【攻防含義】

從側面攻擊對方軀幹以上部位。

【易犯錯誤】

腿的屈伸不明顯，腳尖勾不緊。

【糾正方法】

降低釘腿高度，重點要求屈膝上抬，釘腿時靜止檢查挺膝勾腳的規格，練習多次以後再按正常的速度和高度練習。

第三章

組合練習

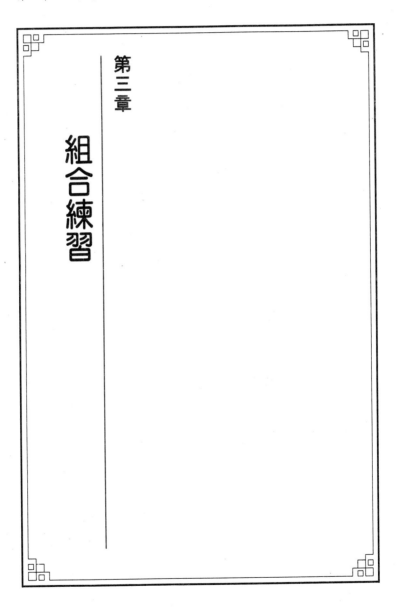

組合(一)

【動作說明】

併步→半馬步→左右弓步

【預備勢】

併步抱拳。

1. 半馬步

左腳向左側邁步，腳尖朝左；兩腿屈膝半蹲，重心偏於右腿，目視左側。

2. 左弓步

右腿蹬地，腳跟外轉，挺膝；身體左轉，同時左腿屈膝前弓成左弓步。

左腳回收還原成併步抱拳，左右轉換練習。

【要點】

成半馬步時，重心保持前四後六或前三後七，猶如被壓縮的彈簧般閉氣蓄勁。

由半馬步轉弓步時，重心不可上提，發力要注意蹬足、扣膝、掙胯、轉腰的順序。完成弓步後要前腳踩後腳蹬，產生一股對稱相掙的「內力」。

【易犯錯誤】

①開步成半馬步時，重心過於前移。

②轉弓步時先轉腰後蹬腿或身體立起。

【糾正方法】

①強調先屈膝，將重心控制在支撐腿之後再開步。

②請同伴將兩手按在自己肩上，以免先轉腰或身體立起。如此按要點多次重複正確動作。

組合(二)

【動作說明】

併步→虛步→馬步→單蝶步→騎龍步

【預備勢】

併步抱拳。

1. 左虛步

重心移至右腿並屈膝半蹲，左腳向前上半步，腳尖點地作左虛步，目視前方。

2. 馬步

左腳向前上半步，腳尖內扣。同時，身體右轉，兩腿屈膝半蹲成馬步，目視前方。

3. 右單蝶步

左腿屈膝全蹲，右腿屈膝下跪，小腿內側貼地成單蝶步；軀幹直立，目視前方。

4. 右騎龍步

身體稍起立並右轉。同時，左腿屈膝內扣，腳前掌著地；右腿半蹲，膝蓋前頂，全腳掌著地成騎龍步，收腹立腰，目視前方。
左腳向右腳併步還原成預備勢。左右反覆練習。

【要點】
虛步變馬步時，轉體與扣腳要同時，沈氣、實腹、斂臀。馬步變右單蝶步時，右腳稍向後移動，收腹立腰。騎龍步時，前腳下踩，五趾抓地，後腳蹬地，扣膝掙胯。

【易犯錯誤】
馬步時腳尖外撇成「八字步」；單蝶步時軀幹前傾，騎龍步不穩。

【糾正方法】
變馬步時要有意識地使兩腳腳跟外緣用力外蹬。單蝶步時強調臀部緊貼於全蹲之腿，勿低頭。騎龍步重點體會要點。

組合(三)

【動作說明】

併步→左、右拐步→半馬步→弓步

【預備勢】

併步抱拳。

1. 左拐步

左腳向右前方上步，膝關節微屈，腳尖外擺，右腿屈膝下跪（不著地），腳跟離地成左拐步，目視前方。

2. 右拐步

右腳由後經左腳前向左前方上步，腳尖外擺，膝關節微屈，左腿屈膝下跪，腳跟離地成右拐步。目視前方。

3. 半馬步

左腳由後向左前方上步，腳尖朝左，兩膝彎屈半蹲成半馬步，目視前方。

4. 左弓步

右腿蹬腳挺膝，左腿屈膝前弓成左弓步，目視前方。可接右拐步反覆練習。

【要點】

步法移動中重心不要起伏，做到沈氣、坐胯、踩腳、步幅較大，步速逐漸加快，成半馬步後應稍停頓，蓄勁後再轉弓步，要求保持立腰、豎項、四平八穩的身型。

【易犯錯誤】

重心有起伏，步幅太小，左右拐步不明顯或做成併步。

【糾正方法】

除認真體會動作要領外，初練時可在做出每一個步型後都靜止適當時間，通過站樁使腿部力量加強以後，再按照正常的節奏練習。

組合㈣

【動作說明】

左弓步衝拳→右虛步穿橋→馬步衝拳→右弓步衝拳→左虛步穿橋→馬步衝拳→併步抱拳

【預備勢】

併步抱拳（圖八十九—①）

1.左弓步衝拳

左腳向左側邁步，身體左轉，左腿半蹲，右腿挺膝伸直成左弓步。同時，左拳變掌，掌心朝外，向左平摟手後收至腰間抱拳，拳心朝上；右拳隨體轉向前衝出，拳心朝下，力達拳面，臂與肩平，目視前方（圖八十九—②）

【要點】

邁步、摟手、轉腰要一致，衝拳的發勁順序是起於足，順於腰，達於手，勁力要先蓄後發。

【攻防含義】

圖89—①

圖89—②

假設對方以拳或掌擊我肋部，即以左手摟抓其腕，以右衝拳反擊其軀幹。

【易犯錯誤】

①摟手衝拳時聳肩。

②先衝拳後蹬腿或右腳後移，發力不順。

【糾正方法】

①重複做摟手衝拳，注重沈肩。

②分解練習法，即邁左步（半馬步）、摟左手、蹬腿、衝拳、收左手，重點體會動作順序和技術要點。

圖89－③

2.右虛步穿橋

重心移至左腿，右腳向前上半步，腳尖點地成右虛步。同時，左拳變掌沿右臂（橋）下向前穿出，掌指外展朝左，掌心朝前；右拳拉至腰間，拳心朝上，目視左掌（圖八九—③）。

【要點】

上步、穿橋與右拳拉回要一致，左掌以掌指為力點，掌心朝下向前穿出，穿出後掌指儘量後伸，沈肩垂肘。

【攻防含義】

假設右腕被對方抓握，即以左穿橋解脫。

【易犯錯誤】

①左穿橋未經右臂下穿出。

②虛步時歪胯。

【糾正方法】

①原地練習穿橋。

②請同伴提醒或對著鏡子糾正歪胯的錯誤。

3.馬步衝拳

右腳向前上半步，腳尖內扣，身體左轉，兩腿半蹲成馬步。同時，右拳向右側衝出，拳眼朝上，力達拳面，臂與肩平；左掌收置於右肩前，掌指朝上，掌心朝右。目視右拳（圖八九—④）。

【要點】

右腳落地時腳跟外緣用力，衝拳要與上步、轉體一致，力發於腰。

【攻防含義】

緊接上一動穿橋解脫之後，即以右衝拳擊對方肋部。

【易犯錯誤】

①腳尖外撇成「外八字」。

②衝拳時出現「撩拳」的動作。

【糾正方法】

①專門練習由虛步轉馬步，重點體會腳跟外蹬的要點。

②原地練習左右側衝拳，強調拳面領先，肘勿先動。

4. 右弓步衝拳

身體右轉，右腳稍向後移，屈右膝，左腿蹬地挺膝成右弓步。同時，右拳變掌向右平摟手後收回腰間抱拳，拳

圖89－④

圖89－⑤

心朝上；左掌變拳經腰間向前衝出，拳心朝下，力達拳面。臂與拳平肩，目視前方（圖八九—⑤）。

要點、攻防含義、易犯錯誤及糾正方法均參考該組合第一動。

5.左虛步穿橋

重心移至右腿，右腿屈膝；左腳向前上半步，腳尖點地成左虛步。同時，右拳變掌沿左臂下向前穿出，掌指朝右，掌心朝前；左拳拉回腰間，拳心朝上。目視右掌（圖八九—⑥）。

要點、攻防含義、易犯錯誤及糾正方法均參考本組合第二動。

6.馬步衝拳

左腳向前上半步，腳尖內扣，身體右轉，兩腿屈膝成

圖89－⑦

圖89－⑥

馬步。同時，左拳向左側衝出，拳眼朝上，力達拳面，臂與肩平；右掌收置於左肩前，掌心朝左，掌指朝上。目視左拳（圖八十九—⑦）。右腳向左腳靠攏成併步抱拳。

要點、攻防含義、易犯錯誤及糾正方法均參考本組合第三動。

組合(五)

【動作說明】

弓步右抛拳→左弓步蓋拳→右弓步撞拳→左弓步側衝拳→弓步左抛拳→右弓步蓋拳→左弓步撞拳→右弓步側衝拳→併步抱拳。

【預備勢】 併步抱拳（圖九十—①）。

1. 弓步右抛拳

身體左轉，左腳向左側邁步，屈膝半蹲，右腿挺膝

圖90—①

伸直成左弓步。同時，左拳直臂向左後方擺起，高與肩平，拳心朝下；右拳直臂由下向前、向右斜上拋起，拳眼朝後，目視前方（圖九十—②）。

要點、攻防含義、易犯錯誤及糾正方法參考拳法中的拋拳。

2.左弓步蓋拳

①身體右轉，右腳向前上步，腳尖外擺，左腳跟離地，兩膝微曲成拐步。同時，右拳由上向下，向右後方揮擺；左拳由後經上向前、向右下抄掛。目視左拳（圖九十—③）。

②上動不停：左腳向前上步，身體微左轉，左腿屈膝，右腿挺膝伸直成左弓步。同時，左拳繼續經右向上、向前、向左後方反臂下掛至與肩同高，拳心朝下；右拳直臂經上向前立圓掄蓋至體前，拳心斜朝裡。目視右

圖90－③

圖90－②

拳（圖九十—④）。

【要點】

動作要連貫，掛拳時臂要由內旋轉外旋。

蓋拳時，力發於腰、傳於手、發長勁，兩臂前後對稱用力。

攻防含義、易犯錯誤及糾正方法，參考拳法中的蓋拳。

3. 右弓步撞拳

左腳向左後方退步，挺膝伸直；右腿屈膝半蹲成右弓步。同時，右拳屈肘收回腰間抱拳，拳心朝上；左拳屈肘由後經下向前、向上抛撞，拳面朝上，拳心朝裡，高與肩平，目視左拳（圖九十—⑤）。

【要點】

退步與撞拳一致，發力於腰。

圖90－④

圖90－⑤

【攻防含義】

設對方以手法追擊我頭部，即邊退步邊以左撞拳反擊其下頦。

易犯錯誤及糾正方法參考拳法中的撞拳。

4.左弓步側衝拳

身體左轉，右腿挺膝伸直；左腿屈膝半蹲成左弓步。同時，右拳隨體轉向右側衝出，拳眼朝上，高與肩平，力達拳面；左拳收至腰間，拳心朝上。目視右拳（圖九十—⑥）。

圖90—⑥

【要點】

轉體、左拳回收與衝右拳要一致，力發於腳。

【攻防含義】

繼上一動，連續進攻對方的肋部。

【易犯錯誤】

重心左移之後再衝拳，力發於腳不明顯。

【糾正方法】

重點強調不要先移重心，主要是借助右腿的蹬勁衝拳，扣膝轉胯要有爆發勁。

5. 弓步左抛拳

身體右轉，左腿扣膝挺直；右腿屈膝半蹲成右弓步。同時，右拳向下、向右後方揮擺至與肩平，拳心朝下；左拳由腰間直臂經下向左斜上方抛起，拳眼朝後。目視前方（圖九十—⑦）。

要點、攻防含義、易犯錯誤及糾正方法與第一動相同。

6. 右弓步蓋拳

①左腳向前上步，腳尖外擺，身體左轉，右腳跟離地，兩膝微屈成拐步。同時，左拳由上向下、向左後方

圖90－⑧

圖90－⑦

揮擺；右拳由後經上向前、向左下抄掛。目視右拳（圖九十—⑧）。

②上一動不停。右腳向前上步，身體微右轉，右腿屈膝，左腿挺膝伸直成右弓步。同時，右拳繼續由左下方經上向前反臂下掛至右後方，臂與肩平，拳心朝下；左拳直臂經上向前立圓掄蓋至體前，拳心斜朝裡。目視左拳（圖九十—⑨）。

要點、攻防含義、易犯錯誤及糾正方法與左弓步蓋拳相同。

7.左弓步撞拳

右腳向右後方退步，挺膝伸直、左腿屈膝半蹲成左弓步。同時，左拳收至腰間，拳心朝上；右拳屈肘由後經下向前、向上拋撞，拳心朝裡，拳面朝上，與肩同高。目視右拳（圖九十—⑩）

圖90－⑨

圖90－⑩

要點、攻防含義、易犯錯誤及糾正方法與右弓步撞拳相同。

8.右弓步側衝拳

身體右轉，左腿挺膝伸直，右腿屈膝半蹲成右弓步。同時，左拳隨轉體向左側衝出，拳眼朝上，高與肩平，力達拳面；右拳收回腰間，拳心朝上。目視左拳（圖九十—⑪）。

圖90－⑪

要點、攻防含義、易犯錯誤及糾正方法與左弓步側衝拳相同。

左腳向右腳併攏成步抱拳。

組合㈥

【動作說明】

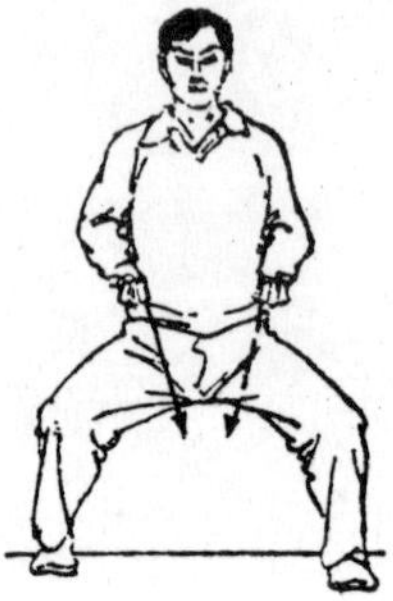

圖91—①

圖91—②

馬步雙切橋→馬步雙挑掌→馬步沈橋單指手→馬步雙標掌沈橋→併步抱拳。

【預備勢】馬步抱拳（圖九一—①）。

1. 馬步雙切橋

步不動。兩拳變掌，兩臂內旋向前下方滾切，肘微屈，掌心朝下，拇指側朝裡。目視兩掌（圖九一—②）

【要點】

切橋時雙臂邊內旋滾動邊向前下方推出，用力要短促、乾脆，力達前臂小指側。

【攻防含義】

防守對方起腿踢我腹部以下部位。

【易犯錯誤】

上體前傾，臂太直，內旋不充分。

【糾正方法】

專門練習切橋，強調旋臂和身形端正。

2. 馬步雙挑掌

圖91－③

步不動。兩掌以肘關節為軸由下向上經臉前分別向左右劃弧上挑至兩肩前，掌心朝後，掌指朝上，指尖與眼眉同高，目視右掌（圖九一—③）。

【要點】

夾肘護肋，用力短促、乾脆。

【攻防含義】

防範對方擊打頭部。

【易犯錯誤】

挑掌幅度過大，兩肘外翻。

【糾正方法】

先練習靜止姿勢體會動作的外形，然後兩人做攻防練習，體會防守效果。

圖91－④

圖91－⑤

3. 馬步沈橋單指手

①步不動。兩掌變單指手由肩前分別下沈至腰側，掌心朝下，指尖斜朝外。目視右手（圖九一—④）。

②兩指由腰間慢慢向前推出，肘微屈下沈，坐腕，食指尖朝上。目視指尖（圖九一—⑤）。

【要點】

沈橋時兩肘主動後撤，推指時臂肌保持極度收縮較長時間，速度慢而勻，氣沈丹田，收腹斂臀，軀幹保持中正。

【攻防含義】

此式主要用於增強腰背肌、胸大肌、上肢肌（橋手）的力量。

【易犯錯誤】

軀幹前傾，突臀，肘關節外翻。

【糾正方法】

除加強馬步站樁的練習外，還要專門練習單指手，必須做到肘關節向內合。

4.馬步雙標掌沈橋

①步不動。兩臂屈肘，兩手食指挑至肩上，手心朝上，肘尖正對前方。目視左肘（圖九一—⑥）。

②兩手變掌下沈至腰間，掌心斜朝下，指尖上翹，指向兩側，目視右掌（圖九一—⑦）。

③兩掌快速地向前直腕平插，拇指朝上，兩掌心相對，與肩同寬，臂與肩平，目視前方（圖九一—⑧）。

④兩肘猛速下沈，坐腕、翹指。目視前方（圖九一—⑨）。

左腳向右腳併攏，兩手收至腰間成併步抱拳。

【要點】

標掌時兩臂快速用力，指尖領先直掌前標，沈橋要突

圖91－⑥

圖91－⑦

然，整個組合要體現立馬如釘、紋絲不動、沈實穩固的特點，手法要清晰，乾脆利落。

【攻防含義】

標掌直攻中門（前胸）；沈橋是防守對方向我腹下或兩肋進攻。

【易犯錯誤】

屈臂上挑時肘尖外翻，標掌時肘關節先動而出現「甩掌」的錯誤。

【糾正方法】

強調夾肘，重點體會以肘催手。

組合(七)

【動作說明】

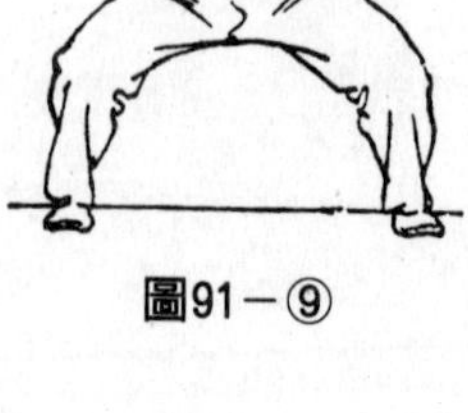

圖91－⑨

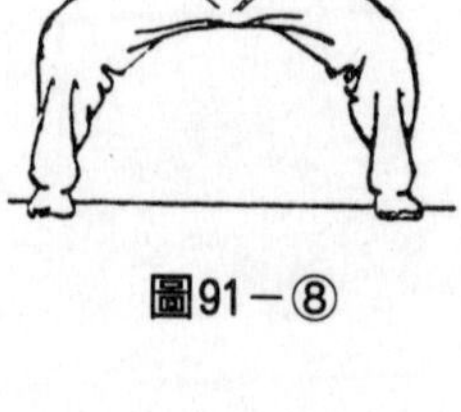

圖91－⑧

圖92－①　圖92－②　圖92－③

左弓步側衝拳→截橋、標掌→沈橋、纏橋→右弓步側衝拳→截橋、標掌→沈橋、纏橋→併步抱拳。

【預備勢】馬步抱拳（圖九二—①）

1. 左弓步側衝拳

身體左轉，右腿扣膝挺直，左腿屈膝半蹲成左弓步。同時，右拳隨轉體向右側衝出，拳眼朝上，拳與肩平，力達拳面，目視右拳（圖九二—②）。

要點、攻防含義、易犯錯誤及糾正方法參考拳法中的左右側衝拳。

2. 截橋、標掌

①步不動。右臂（橋）屈肘，前臂外旋向左攔截至右肩前，前臂近於垂直，力達前臂小指側，拳心朝裡。目視右拳（圖九二—③）。

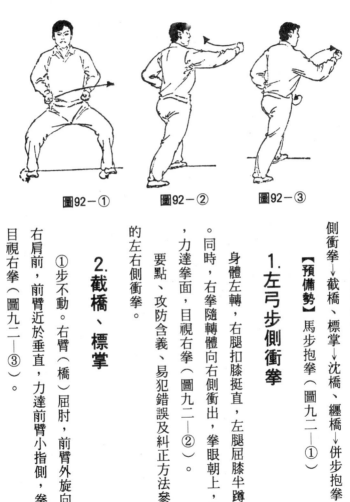

圖92－④

圖92－⑤

②右拳收至右腰側後變掌，隨即以腕為軸，掌指為力點，沿逆時針方向纏繞一圈，掌心斜朝下，翹指坐腕；目視右掌（圖九二—④）。

③右掌向右側標掌，肘略沈，指尖斜朝下，腕與肩平，目視右掌（圖九二—⑤）。

【要點】

截橋動作幅度要小，用力短促；掌纏繞時劃圓不要太大，標掌時要爆發用力，力達指尖。

【攻防含義】

截橋和纏繞是連環防守法，假設對方以衝拳或貫拳攻擊我胸部上下，則以截橋格擋，對方再攻擊肋部，則以纏繞化解，繼而以標掌擊其臉部。

【易犯錯誤】

截橋力點不明顯，標掌時肘關節外張。

【糾正方法】

請同伴幫助做攻擊練習以截橋格擋，標掌時注意掌指領先，以肘催手。

3.沈橋、纏橋

①步不動。右臂以肘尖為力點用力下沈，指尖上挑與肩平，目視右掌（圖九二—⑥）。

②右掌以腕為軸，沿逆時針方向纏繞一圈後握拳（纏橋），拳心朝下，拳眼朝裡，肘微屈，臂與肩平。目視右拳（圖九二—⑦）。

【要點】

沈橋用力要迅速、短促，纏橋幅度要小。

【攻防含義】

沈橋是防守對方以手法進攻肋部，纏橋是以擒拿手法抓握其腕。

易犯錯誤及糾正方法：參考橋法中的纏橋和沈橋。

圖92－⑦

圖92－⑥

4.右弓步側衝拳

①手不動。右腿向左腿回收點地後即向右側跨步，腳尖朝右，兩腿屈膝，重心偏於左腿。目視右拳（圖九二—8）。

②左腿扣膝挺直，右腿屈膝成右弓步。同時，左拳由腰間向左側衝出，拳眼朝上，高與肩平；右拳收回腰間，拳心朝上。目視左拳（圖九二—⑨）。

【要點】右腳回收再跨步時重心不要起伏或過度右移。閉氣蓄勁，左衝拳時注意蹬腳、扣膝、轉腰的發力順序，沈肩垂肘，軀幹正直。

【攻防含義】參考拳法中的側衝拳。

【易犯錯誤】

圖92—⑧

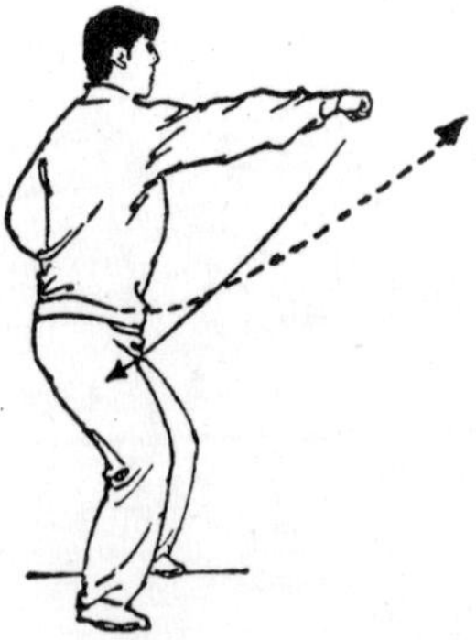

圖92—⑨

①右腳回收時重心起伏。

②跨步時重心偏於右腿或向右轉腰。

【糾正方法】

對照鏡子或請同伴檢查，按照要點練習。

5.截橋、標掌

①步不動。左臂（橋）屈肘，前臂外旋向右攔截至左肩前，前臂近於垂直，力達前臂小指側，拳心朝裡。目視左掌（圖九二—⑩）。

②左拳收至左腰側後變掌，隨即以腕為軸，以掌指為力點，沿順時針方向纏繞一圈，掌心斜朝下，翹指坐腕。目視左掌（圖九二—⑪）。

③左掌向左側標掌，肘略沈，指尖斜朝下，腕與肩平。目視左掌（圖九二—⑫）。

要點、攻防含義、易犯錯誤及糾正方法參閱第二動。

圖92—⑩

圖92—⑪

圖92—⑫

6. 沈橋、纏橋

①步不動。左臂以肘尖為力點用力下沈，指尖上挑與肩平。目視左掌（圖九二—⑬）。

②左掌以腕為軸，沿順時針方向纏繞一圈後握拳（纏橋），拳心朝下，拳眼朝裡，肘微曲，臂與肩平。目視左拳（圖九二—⑭）。

左腳向右腳併攏，左拳收至腰間成併步抱拳。

要點、攻防含義、易犯錯誤及糾正方法與第三動相同。

組合(八)

【動作說明】

圖92－⑭

圖92－⑬

右弓步側衝拳→勒手左釘腿→右弓步雙推掌→左弓步側衝拳→勒手右踩腿→左弓步雙推掌→右弓步擔肘→併步抱拳。

【預備勢】馬步抱拳（圖九三—①）。

1. 右弓步側衝拳

身體右轉，左腿挺膝伸直；右腿屈膝成右弓步。同時，左拳隨轉體由腰間向左側衝出，肘微曲，拳眼朝上。目視左拳（圖九三—②）。

要點、攻防含義、易犯錯誤及糾正方法參考拳法中的側衝拳。

2. 勒手左釘腿

兩拳變鷹爪，右爪向腹前略伸，手心斜朝左，左爪弧形伸向胸前，手心斜朝右，兩手同時屈肘拉至左腰側，手

圖93－①

圖93－②

圖93－③

圖93－④

心相對。同時，左腿屈膝抬起，以腳尖為力點，小腿由屈到伸向前下方彈釘，腳面繃直，目視左腳（圖九三—③）。

【要點】

勒手與釘腿是向相反方向用力，上下要協調一致，勁力要乾脆。

【攻防含義】

當對方伸手抓我胸部時，即以兩手抓握其臂向左後拉拽，並以釘腿彈擊其脛骨以絆倒對方。

【易犯錯誤】

兩鷹爪擺幅過大，勒手與釘腿用力不協調。

【糾正方法】

請同伴配合做伸手抓胸動作，糾正兩鷹爪的動作，提高上下用力的協調性。

3. 右弓步雙推掌

左腳向後落步，挺膝伸直，右腿屈膝成右弓步。同時，兩鷹爪變掌由腰間向前平推，臂微屈，左掌心朝上，右掌心朝下，指尖均朝左，目視兩掌（圖九三—④）。

【要點】

落步與雙推掌要一致，兩掌小指側要齊平。

【攻防含義】

繼上一動，如向後拽不倒對方即以推掌向前擊之。

【易犯錯誤】

推掌時兩掌一前一後，小指側不齊，兩掌不平，雙臂太直。

【糾正方法】

按基本技術中雙推掌的要點做靜止的「耗架子」，以建立正確的動力定型。

4. 左弓步側衝拳

以兩腳掌為軸，身體左後轉，左腿屈膝前弓，右腿挺膝伸直成左弓步。同時，左掌變拳收至腰間，拳心朝上；右掌變拳經腰間向右側衝出，肘微屈下沈，拳眼朝上。目視右拳（圖九三—⑤）。

【要點】轉體與衝拳要一致，衝拳要借助蹬右腿的力量，即力起於腳。

圖93－⑤

【攻防含義】由右向左擊打對方的肋部。

【易犯錯誤】先轉體後衝拳。

【糾正方法】專門體會衝拳與轉體的一致性。

5. 勒手右跺腿

兩拳變鷹爪，左爪伸向腹前，手心斜朝右，右爪沿弧形伸向胸前，手心斜朝左，兩手同時屈肘拉至右腰側，手心相對。同時，右腿屈膝抬起，膝關節外展，小腿由屈到伸迅速向前下方跺出，腳尖勾緊並外轉，力達腳掌內側，

圖93－⑥

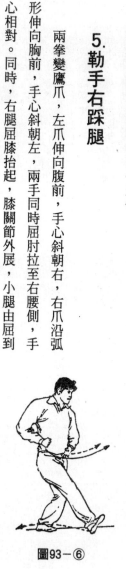

目視右腳（圖九三—⑥）。

要點、攻防含義、易犯錯誤及糾正方法參考第二動。

6. 左弓步雙推掌

右腳向後落步，挺膝伸直；左腿屈膝成左弓步。同時，兩鷹爪變掌向前平推，臂微屈，右掌心朝上，左掌心朝下，指尖均朝右。目視兩掌（圖九三—⑦）。

要點、攻防含義、易犯錯誤及糾正方法參考第三動。

7. 右弓步擔肘

以兩腳掌為軸，身體向右後轉，右腿屈膝前弓，左腿挺膝伸直成右弓步。同時，右掌經腹前向右劃弧按於胸前，掌心朝下，掌指朝左；右臂彎屈以肘尖為力點經體前向下、向上擔挑，肘尖朝前，置於右掌之上；左掌於左肩上。目視左肘尖（圖九三—⑧）。

圖93—⑦

圖93—⑧

左腳向右腳併攏，兩掌變拳收至腰間成併步抱拳。

【要點】

擔肘要充分藉助蹬腳轉腰的力量，發勁由下至上。整個組合方法要淸晰，動作要連貫，用勁要乾脆。

【攻防含義】

由前向後以肘尖挑擊對方的下頦。

易犯錯誤及糾正方法參考基本肘法中的弓步擔肘。

組合(九)

【動作說明】

左弓步衝拳→半馬步穿橋→左弓步拍肘→右虛步鞭拳→騎龍步衝拳→轉身蹬腿衝拳→跪步蓋拳→併步抱拳

【預備勢】

併步抱拳（圖九四—①）。

1. 左弓步衝拳

①左腳向左前方上步，兩腿屈膝成半馬步。同時左拳變掌向左劃弧下按，臂微屈內旋，拇指側斜朝下。目視左掌（圖九四—②）。

②身體左轉，右腿挺膝伸直，左腿屈膝成左弓步。同時，右拳向前平衝，拳心朝下，臂與肩平，力達拳面；左掌變拳收至腰間，拳心朝上，目視右拳（圖九四—③）。

【要點】

半馬步時重心偏於右腿，閉氣蓄勁；弓步衝拳力發於腳、順於腰、達於手。

【攻防含義】

假設對方以手法攻擊我腹部，即以左掌下按防守，

圖94－①

圖94－②

圖94－③

圖94－④

圖94－⑤

右衝拳反擊其胸。

【易犯錯誤】

左按掌擺幅過大，右衝拳時腰腿勁不足。

【糾正方法】

請同伴做攻擊動作，體會左手防守的效果，原地體會半馬步轉弓步的蹬腿轉腰技術。

2.半馬步穿橋

重心後移，上體右轉，右腿屈膝成半馬步。同時，左拳變掌沿右臂下穿出，指尖朝後，臂與肩平；右拳收至腰間。目視左掌（圖九四—④）。

要點、攻防含義、易犯錯誤及糾正方法參考基本橋法中的穿橋。

3.左弓步拍肘

身體左轉，重心前移，右腿挺膝伸直成左弓步。同時，左臂向裡屈肘，左掌心朝上；右臂彎屈，以肘尖為力點由後經上向前砸擊左掌，肘與肩平。目視右肘（圖九四—⑤）。

4.右虛步鞭拳

①左腳稍向前濶步，左掌右拳向左側平擺。目視左側（圖九四—⑥）。

②重心移至左腿，左膝彎屈；右腳向右前上半步，腳尖點地成右虛步。同時，右拳由屈到伸向右平掄鞭撻，拳眼朝上，力達拳背；左拳護於右胸前，掌心朝右，掌指朝上。目視右拳（圖九四—⑦）。

【要點】

活步、擺臂與轉頭一致，右腳點地、右拳鞭撻與轉頭一致，動作要連貫、乾脆、完整。

圖94－⑦

圖94－⑥

圖94－⑧

圖94－⑨

【攻防含義】

活步擺臂是閃躲對方的進攻，隨後即以右鞭拳橫擊其頭部側面。

易犯錯誤及糾正方法，參考基本拳法中的左右插步鞭拳。

5. 騎龍步衝拳

①右腳略向前濶步，全腳掌著地，兩膝彎屈，重心偏於左腿。同時，左掌變拳，兩臂屈肘置於胸前，拳面相對，拳眼朝上。目視右拳（圖九四—⑧）。

②重心右移，右腿屈膝前弓；左腿屈膝下跪（不觸地），腳跟離地成騎龍步。同時，左拳向前衝出，拳眼朝上，力達拳面，臂與肩平；右臂側屈，右拳置於右胸前，拳眼朝上。目視左拳（圖九四—⑨）。

【要點】

①閉氣蓄勁，腰微左轉。

②轉腰順肩，十趾抓地。

【攻防含義】

繼上一動，以左衝拳擊打對方的肋部。

【易犯錯誤】

右肩上端，步不穩。

【糾正方法】

練習時注意右臂提肘沈肩，扣膝掙胯，趾尖用力。

6.轉身蹬腿衝拳

身體向左後轉，右腳尖裡扣，右腿伸直支撐；左腿屈膝抬起隨體轉向前蹬出，腳尖勾緊朝上，力達腳跟。同時，左拳變掌經下向上撩起屈臂置於右肩內側，指尖朝上；右拳隨體轉向前衝出，拳眼朝上，力達拳面。目視前方（圖九四—⑩）。

圖94－⑩

【要點】

轉體要迅速，蹬腿、衝拳要一致。

【攻防含義】

轉身撩左掌是防守手法，蹬腿衝拳是連攻對方的中下盤。

【易犯錯誤】

左蹬腿屈伸不明顯，右衝拳做成「撩拳」。

【糾正方法】

①反覆練習轉身蹬腿，強調先屈膝後蹬腿的連貫性。

②右衝拳時拳由右胸前向前衝出，勿走弧線。

7. 跪步蓋拳

①左腳向後落步，左掌右拳經下分擺至兩側。目視右側（圖九四—⑪）。

②動作不停，右腳向後落步屈膝下跪（不觸地），左腿屈膝下蹲成跪步。同時，右拳直臂經上向前。向下蓋至右膝內側，拳心朝裡；左掌經上屈臂擺至右胸前，

圖94－⑪

圖94－⑫ a

圖94－⑫ b

掌心朝右，掌指朝上。目視右拳（圖九四—⑫ａｂ）。

右腳向左腳併攏，兩拳收至腰間成併步抱拳。

【要點】

動作連貫，右拳掄蓋的幅度宜大，蓋拳時含胸拔背。

【攻防含義】

繼上一動，假設對方向我追來並抱腿，我迅速退步下蹲，以右蓋拳擊其後背。

【易犯錯誤】

①右腳後撤而未完成跪步。

②右臂屈肘形成下衝拳。

【糾正方法】

①專做蹬腿衝拳後接退步的練習，強調右腳撤步不宜過大，屈膝要充分。

②原地練習蓋拳，強調右臂要伸直掄繞。

組合(十)

【動作說明】

盤手左弓步疊掌→右弓步架衝拳→拖步撞拳→插步鞭拳→左弓步掛蓋拳→馬步側衝拳→併步抱拳

【預備勢】　併步抱拳（圖九五—①）。

1.盤手左弓步疊掌

①左腳向左前上步，腳尖外擺，兩腿屈膝成左拐步。同時，兩拳變掌由腰間擺向身體左側，右掌在上，左掌在下成左側蝴蝶掌。目視左側（圖九五—②）。

②右腳由後向左前上步，腳尖外擺，兩腿屈膝成右拐步。同時，兩掌由左經體前擺至右側，左掌在上，右

圖95－①

圖95－②

圖95－③

掌在下成右側蝴蝶掌。目視右側（圖九五—③）。

③左腳由後向左前上步，兩膝彎屈成半馬步。右腿蹬地挺膝，左腿屈膝成左弓步。兩掌向左前方推出，左掌指尖朝上，右掌指尖朝下。目視兩掌（圖九五—④、⑤）。

【要點】

重心平穩，步速逐漸加快，疊掌時手指盡量後伸，掌根用力前頂。

攻防含義、易犯錯誤及糾正方法參考基本掌法中的左右拐步盤手雙推掌。

2.右弓步架衝拳

①右腳向右前方上步。兩腿屈膝成半馬步。同時，兩掌變拳收至左腰側，拳心朝上。目視右拳（圖九五—⑥）。

②左腿挺膝伸直成右弓步。同時，左拳向前衝出，拳眼朝上，高與肩平；右拳經臉前架於頭上方，拳眼朝下。目視左拳（圖九五—⑦）。

【要點】

右腳上步要沈實穩重，閉氣蓄勁，衝拳力發於腳、傳於腰、達於手，用勁順達。架拳要臂內旋，呈弧形。

圖95－④

圖95－⑤

圖95－⑥

圖95－⑦

【攻防含義】

此勢為攻防連招，設對方以手法攻擊頭部，右拳即上架防守，左衝拳反擊其胸。

【易犯錯誤】

半馬步重心過於前移，右臂前伸、直臂。

【糾正方法】

體會上步變半馬步的要點，然後請同伴幫助做劈拳，糾正架拳的路線和方法。

3. 拖步撞拳

①左腳向前上步，兩膝微屈。同時，左拳變掌經下向前撩起，掌心朝前；右拳直臂下落於身體右側，拳心朝下。目視左掌（圖九五—⑧）

②上一動不停。右腳向前上一大步，右腿微屈，左腳向前拖一小步。同時，右拳由後經下向前上撞擊，拳

圖95－⑧

圖95－⑨

面朝上，拳心朝裡，略高於肩；左掌收附於右前臂內側。目視右拳（圖九五—⑨）。

【要點】

動作連貫、上步迅速、撞拳發力於腰、手腕微內扣。

【攻防含義】

在追擊中以左撩掌防守對方的進攻，右撞拳擊其腹部。

【易犯錯誤】

撞拳時發力不明顯，右腕未內扣。

【糾正方法】

原地練習撞拳，體會發力和改正手型。

4. 插步鞭拳

①右腳向前稍濶步後再向內扣，身體左轉。同時，左掌右拳向左平擺，左掌心朝前，右拳眼朝上。目視左掌（圖九五—⑩）。

②上動不停。左腳向右腿後插步，腳前掌著地；右腿屈膝。同時，右拳向右鞭撻，臂與肩平，拳眼朝上，力達拳背；左掌平擺至右胸前，掌心朝右，掌指朝上。目視右拳（圖九五

—⑪）。

要點、攻防含義、易犯錯誤及糾正方法參考基本拳法中的左右插步鞭拳。

5.左弓步掛蓋拳

以左腳掌、右腳跟為軸，身體向左後轉約二七〇度，左腿屈膝，右腿挺膝伸直成左弓步。同時，左掌變拳隨體轉經下向上立圓掄掛至左側，拳心朝下；右拳隨體轉經下向上立圓掄蓋至體前，拳心斜朝裡。目視右拳（圖九五—⑫）。

【要點】

轉體應快速，掛蓋成立圓，弓步時要前腳踩、後腳蹬，掙胯含胸。

攻防含義、易犯錯誤及糾正方法參考基本拳法中的左右弓步蓋拳。

圖95—⑩

圖92—⑪

圖95—⑫

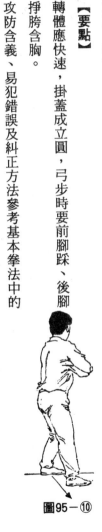

圖95－⑬

圖95－⑭

6.馬步側衝拳

①右腳向前上半步，腳尖點地。同時，左拳變掌由後經下與右拳交叉上架至頭上方，左掌在裡。目視前方（圖九五—⑬）。

②右腳向前上半步，腳尖內扣。同時，身體左轉，兩腿屈膝成馬步。右拳由上經腰間向右側衝出，拳眼朝上，臂與肩平，力達拳面；左掌由上經腰間向前附立於右前臂內側，掌指朝上。目視右拳（圖九五—⑭）。

左腳向右腳併攏，兩拳收回腰間成併步抱拳。

【要點】

右腳點地與兩臂上架一致，馬步與衝拳一致，動作應連貫。

【攻防含義】

設對方攻擊我胸部，我即以兩臂上架防守，並以右側衝拳反擊其肋。

【易犯錯誤】

①馬步呈「外八字」。

②側衝拳出現「撩拳」。

【糾正方法】

①專門練習由虛步變馬步，注意右腳尖內扣，腳外緣用力。

②用慢速度練習側衝拳，細心體會拳面領先、以肘催手的要點。

大展出版社有限公司	圖書目錄
地址：台北市北投區11204 致遠一路二段12巷1號 郵撥： 0166955～1	電話：(02) 8236031 8236033 傳眞：(02) 8272069

・法律專欄連載・電腦編號 58

台大法學院 法律學系／策劃
法律服務社／編著

①別讓您的權利睡著了1	200元
②別讓您的權利睡著了2	200元

・秘傳占卜系列・電腦編號 14

①手相術	淺野八郞著	150元
②人相術	淺野八郞著	150元
③西洋占星術	淺野八郞著	150元
④中國神奇占卜	淺野八郞著	150元
⑤夢判斷	淺野八郞著	150元
⑥前世、來世占卜	淺野八郞著	150元
⑦法國式血型學	淺野八郞著	150元
⑧靈感、符咒學	淺野八郞著	150元
⑨紙牌占卜學	淺野八郞著	150元
⑩ＥＳＰ超能力占卜	淺野八郞著	150元
⑪猶太數的秘術	淺野八郞著	150元
⑫新心理測驗	淺野八郞著	160元
⑬塔羅牌預言秘法	淺野八郞著	元

・趣味心理講座・電腦編號 15

①性格測驗1	探索男與女	淺野八郞著	140元
②性格測驗2	透視人心奧秘	淺野八郞著	140元
③性格測驗3	發現陌生的自己	淺野八郞著	140元
④性格測驗4	發現你的真面目	淺野八郞著	140元
⑤性格測驗5	讓你們吃驚	淺野八郞著	140元
⑥性格測驗6	洞穿心理盲點	淺野八郞著	140元
⑦性格測驗7	探索對方心理	淺野八郞著	140元
⑧性格測驗8	由吃認識自己	淺野八郞著	140元

⑨性格測驗９　戀愛知多少　淺野八郎著　160元
⑩性格測驗10　由裝扮瞭解人心　淺野八郎著　140元
⑪性格測驗11　敲開內心玄機　淺野八郎著　140元
⑫性格測驗12　透視你的未來　淺野八郎著　140元
⑬血型與你的一生　淺野八郎著　160元
⑭趣味推理遊戲　淺野八郎著　160元
⑮行爲語言解析　淺野八郎著　160元

・婦 幼 天 地・電腦編號16

①八萬人減肥成果　黃靜香譯　180元
②三分鐘減肥體操　楊鴻儒譯　150元
③窈窕淑女美髮秘訣　柯素娥譯　130元
④使妳更迷人　成　玉譯　130元
⑤女性的更年期　官舒妍編譯　160元
⑥胎內育兒法　李玉瓊編譯　150元
⑦早產兒袋鼠式護理　唐岱蘭譯　200元
⑧初次懷孕與生產　婦幼天地編譯組　180元
⑨初次育兒12個月　婦幼天地編譯組　180元
⑩斷乳食與幼兒食　婦幼天地編譯組　180元
⑪培養幼兒能力與性向　婦幼天地編譯組　180元
⑫培養幼兒創造力的玩具與遊戲　婦幼天地編譯組　180元
⑬幼兒的症狀與疾病　婦幼天地編譯組　180元
⑭腿部苗條健美法　婦幼天地編譯組　180元
⑮女性腰痛別忽視　婦幼天地編譯組　150元
⑯舒展身心體操術　李玉瓊編譯　130元
⑰三分鐘臉部體操　趙薇妮著　160元
⑱生動的笑容表情術　趙薇妮著　160元
⑲心曠神怡減肥法　川津祐介著　130元
⑳內衣使妳更美麗　陳玄茹譯　130元
㉑瑜伽美姿美容　黃靜香編著　150元
㉒高雅女性裝扮學　陳珮玲譯　180元
㉓蠶糞肌膚美顏法　坂梨秀子著　160元
㉔認識妳的身體　李玉瓊譯　160元
㉕產後恢復苗條體態　居理安・芙萊喬著　200元
㉖正確護髮美容法　山崎伊久江著　180元
㉗安琪拉美姿養生學　安琪拉蘭斯博瑞著　180元
㉘女體性醫學剖析　增田豐著　220元
㉙懷孕與生產剖析　岡部綾子著　180元
㉚斷奶後的健康育兒　東城百合子著　220元
㉛引出孩子幹勁的責罵藝術　多湖輝著　170元

㉜培養孩子獨立的藝術	多湖輝著	170元
㉝子宮肌瘤與卵巢囊腫	陳秀琳編著	180元
㉞下半身減肥法	納他夏・史達賓著	180元
㉟女性自然美容法	吳雅菁編著	180元
㊱再也不發胖	池園悅太郎著	170元
㊲生男生女控制術	中垣勝裕著	220元
㊳使妳的肌膚更亮麗	楊　皓編著	170元
㊴臉部輪廓變美	芝崎義夫著	180元
㊵斑點、皺紋自己治療	高須克彌著	180元
㊶面皰自己治療	伊藤雄康著	180元
㊷隨心所欲瘦身冥想法	原久子著	180元
㊸胎兒革命	鈴木丈織著	元

・青 春 天 地・電腦編號 17

①A血型與星座	柯素娥編譯	120元
②B血型與星座	柯素娥編譯	120元
③O血型與星座	柯素娥編譯	120元
④AB血型與星座	柯素娥編譯	120元
⑤青春期性教室	呂貴嵐編譯	130元
⑥事半功倍讀書法	王毅希編譯	150元
⑦難解數學破題	宋釗宜編譯	130元
⑧速算解題技巧	宋釗宜編譯	130元
⑨小論文寫作秘訣	林顯茂編譯	120元
⑪中學生野外遊戲	熊谷康編著	120元
⑫恐怖極短篇	柯素娥編譯	130元
⑬恐怖夜話	小毛驢編譯	130元
⑭恐怖幽默短篇	小毛驢編譯	120元
⑮黑色幽默短篇	小毛驢編譯	120元
⑯靈異怪談	小毛驢編譯	130元
⑰錯覺遊戲	小毛驢編譯	130元
⑱整人遊戲	小毛驢編著	150元
⑲有趣的超常識	柯素娥編譯	130元
⑳哦！原來如此	林慶旺編譯	130元
㉑趣味競賽100種	劉名揚編譯	120元
㉒數學謎題入門	宋釗宜編譯	150元
㉓數學謎題解析	宋釗宜編譯	150元
㉔透視男女心理	林慶旺編譯	120元
㉕少女情懷的自白	李桂蘭編譯	120元
㉖由兄弟姊妹看命運	李玉瓊編譯	130元
㉗趣味的科學魔術	林慶旺編譯	150元

㉘趣味的心理實驗室	李燕玲編譯	150元
㉙愛與性心理測驗	小毛驢編譯	130元
㉚刑案推理解謎	小毛驢編譯	130元
㉛偵探常識推理	小毛驢編譯	130元
㉜偵探常識解謎	小毛驢編譯	130元
㉝偵探推理遊戲	小毛驢編譯	130元
㉞趣味的超魔術	廖玉山編著	150元
㉟趣味的珍奇發明	柯素娥編著	150元
㊱登山用具與技巧	陳瑞菊編著	150元

・健 康 天 地・電腦編號 18

①壓力的預防與治療	柯素娥編譯	130元
②超科學氣的魔力	柯素娥編譯	130元
③尿療法治病的神奇	中尾良一著	130元
④鐵證如山的尿療法奇蹟	廖玉山譯	120元
⑤一日斷食健康法	葉慈容編譯	150元
⑥胃部強健法	陳炳崑譯	120元
⑦癌症早期檢查法	廖松濤譯	160元
⑧老人痴呆症防止法	柯素娥編譯	130元
⑨松葉汁健康飲料	陳麗芬編譯	130元
⑩揉肚臍健康法	永井秋夫著	150元
⑪過勞死、猝死的預防	卓秀貞編譯	130元
⑫高血壓治療與飲食	藤山順豐著	150元
⑬老人看護指南	柯素娥編譯	150元
⑭美容外科淺談	楊啟宏著	150元
⑮美容外科新境界	楊啟宏著	150元
⑯鹽是天然的醫生	西英司郎著	140元
⑰年輕十歲不是夢	梁瑞麟譯	200元
⑱茶料理治百病	桑野和民著	180元
⑲綠茶治病寶典	桑野和民著	150元
⑳杜仲茶養顏減肥法	西田博著	150元
㉑蜂膠驚人療效	瀨長良三郎著	150元
㉒蜂膠治百病	瀨長良三郎著	180元
㉓醫藥與生活	鄭炳全著	180元
㉔鈣長生寶典	落合敏著	180元
㉕大蒜長生寶典	木下繁太郎著	160元
㉖居家自我健康檢查	石川恭三著	160元
㉗永恒的健康人生	李秀鈴譯	200元
㉘大豆卵磷脂長生寶典	劉雪卿譯	150元
㉙芳香療法	梁艾琳譯	160元

㉚醋長生寶典	柯素娥譯	180元
㉛從星座透視健康	席拉・吉蒂斯著	180元
㉜愉悅自在保健學	野本二士夫著	160元
㉝裸睡健康法	丸山淳士等著	160元
㉞糖尿病預防與治療	藤田順豐著	180元
㉟維他命長生寶典	菅原明子著	180元
㊱維他命C新效果	鐘文訓編	150元
㊲手、腳病理按摩	堤芳朗著	160元
㊳AIDS瞭解與預防	彼得塔歇爾著	180元
㊴甲殼質殼聚糖健康法	沈永嘉譯	160元
㊵神經痛預防與治療	木下眞男著	160元
㊶室內身體鍛鍊法	陳炳崑編著	160元
㊷吃出健康藥膳	劉大器編著	180元
㊸自我指壓術	蘇燕謀編著	160元
㊹紅蘿蔔汁斷食療法	李玉瓊編著	150元
㊺洗心術健康秘法	竺翠萍編譯	170元
㊻枇杷葉健康療法	柯素娥編譯	180元
㊼抗衰血癒	楊啟宏著	180元
㊽與癌搏鬥記	逸見政孝著	180元
㊾冬蟲夏草長生寶典	高橋義博著	170元
㊿痔瘡・大腸疾病先端療法	宮島伸宜著	180元
51膠布治癒頑固慢性病	加瀨建造著	180元
52芝麻神奇健康法	小林貞作著	170元
53香煙能防止癡呆？	高田明和著	180元
54穀菜食治癌療法	佐藤成志著	180元
55貼藥健康法	松原英多著	180元
56克服癌症調和道呼吸法	帶津良一著	180元
57Ｂ型肝炎預防與治療	野村喜重郎著	180元
58青春永駐養生導引術	早島正雄著	180元
59改變呼吸法創造健康	原久子著	180元
60荷爾蒙平衡養生秘訣	出村博著	180元
61水美肌健康法	井戶勝富著	170元
62認識食物掌握健康	廖梅珠編著	170元
63痛風劇痛消除法	鈴木吉彥著	180元
64酸莖菌驚人療效	上田明彥著	180元
65大豆卵磷脂治現代病	神津健一著	200元
66時辰療法——危險時刻凌晨４時	呂建強等著	180元
67自然治癒力提升法	帶津良一著	180元
68巧妙的氣保健法	藤平墨子著	180元
69治癒Ｃ型肝炎	熊田博光著	180元
70肝臟病預防與治療	劉名揚編著	180元

⑪腰痛平衡療法	荒井政信著	180元
⑫根治多汗症、狐臭	稻葉益巳著	220元
⑬40歲以後的骨質疏鬆症	沈永嘉譯	180元
⑭認識中藥	松下一成著	180元
⑮氣的科學	佐佐木茂美著	180元

•實用女性學講座• 電腦編號 19

①解讀女性內心世界	島田一男著	150元
②塑造成熟的女性	島田一男著	150元
③女性整體裝扮學	黃靜香編著	180元
④女性應對禮儀	黃靜香編著	180元
⑤女性婚前必修	小野十傳著	200元
⑥徹底瞭解女人	田口二州著	180元
⑦拆穿女性謊言88招	島田一男著	200元

•校園系列• 電腦編號 20

①讀書集中術	多湖輝著	150元
②應考的訣竅	多湖輝著	150元
③輕鬆讀書贏得聯考	多湖輝著	150元
④讀書記憶秘訣	多湖輝著	150元
⑤視力恢復！超速讀術	江錦雲譯	180元
⑥讀書36計	黃柏松編著	180元
⑦驚人的速讀術	鐘文訓編著	170元
⑧學生課業輔導良方	多湖輝著	180元
⑨超速讀超記憶法	廖松濤編著	180元
⑩速算解題技巧	宋釗宜編著	200元

•實用心理學講座• 電腦編號 21

①拆穿欺騙伎倆	多湖輝著	140元
②創造好構想	多湖輝著	140元
③面對面心理術	多湖輝著	160元
④僞裝心理術	多湖輝著	140元
⑤透視人性弱點	多湖輝著	140元
⑥自我表現術	多湖輝著	180元
⑦不可思議的人性心理	多湖輝著	150元
⑧催眠術入門	多湖輝著	150元
⑨責罵部屬的藝術	多湖輝著	150元
⑩精神力	多湖輝著	150元

⑪厚黑說服術	多湖輝著	150元
⑫集中力	多湖輝著	150元
⑬構想力	多湖輝著	150元
⑭深層心理術	多湖輝著	160元
⑮深層語言術	多湖輝著	160元
⑯深層說服術	多湖輝著	180元
⑰掌握潛在心理	多湖輝著	160元
⑱洞悉心理陷阱	多湖輝著	180元
⑲解讀金錢心理	多湖輝著	180元
⑳拆穿語言圈套	多湖輝著	180元
㉑語言的內心玄機	多湖輝著	180元

・超現實心理講座・電腦編號 22

①超意識覺醒法	詹蔚芬編譯	130元
②護摩秘法與人生	劉名揚編譯	130元
③秘法！超級仙術入門	陸　明譯	150元
④給地球人的訊息	柯素娥編著	150元
⑤密教的神通力	劉名揚編著	130元
⑥神秘奇妙的世界	平川陽一著	180元
⑦地球文明的超革命	吳秋嬌譯	200元
⑧力量石的秘密	吳秋嬌譯	180元
⑨超能力的靈異世界	馬小莉譯	200元
⑩逃離地球毀滅的命運	吳秋嬌譯	200元
⑪宇宙與地球終結之謎	南山宏著	200元
⑫驚世奇功揭秘	傅起鳳著	200元
⑬啟發身心潛力心象訓練法	栗田昌裕著	180元
⑭仙道術遁甲法	高藤聰一郎著	220元
⑮神通力的秘密	中岡俊哉著	180元
⑯仙人成仙術	高藤聰一郎著	200元
⑰仙道符咒氣功法	高藤聰一郎著	220元
⑱仙道風水術尋龍法	高藤聰一郎著	200元
⑲仙道奇蹟超幻像	高藤聰一郎著	200元
⑳仙道鍊金術房中法	高藤聰一郎著	200元
㉑奇蹟超醫療治癒難病	深野一幸著	220元
㉒揭開月球的神秘力量	超科學研究會	180元
㉓西藏密教奧義	高藤聰一郎著	250元

・養　生　保　健・電腦編號 23

①醫療養生氣功	黃孝寬著	250元

②中國氣功圖譜	余功保著	230元
③少林醫療氣功精粹	井玉蘭著	250元
④龍形實用氣功	吳大才等著	220元
⑤魚戲增視強身氣功	宮　嬰著	220元
⑥嚴新氣功	前新培金著	250元
⑦道家玄牝氣功	張　章著	200元
⑧仙家秘傳祛病功	李遠國著	160元
⑨少林十大健身功	秦慶豐著	180元
⑩中國自控氣功	張明武著	250元
⑪醫療防癌氣功	黃孝寬著	250元
⑫醫療強身氣功	黃孝寬著	250元
⑬醫療點穴氣功	黃孝寬著	250元
⑭中國八卦如意功	趙維漢著	180元
⑮正宗馬禮堂養氣功	馬禮堂著	420元
⑯秘傳道家筋經內丹功	王慶餘著	280元
⑰三元開慧功	辛桂林著	250元
⑱防癌治癌新氣功	郭　林著	180元
⑲禪定與佛家氣功修煉	劉天君著	200元
⑳顛倒之術	梅自強著	360元
㉑簡明氣功辭典	吳家駿編	360元
㉒八卦三合功	張全亮著	230元

・社會人智囊・電腦編號 24

①糾紛談判術	清水增三著	160元
②創造關鍵術	淺野八郎著	150元
③觀人術	淺野八郎著	180元
④應急詭辯術	廖英迪編著	160元
⑤天才家學習術	木原武一著	160元
⑥猫型狗式鑑人術	淺野八郎著	180元
⑦逆轉運掌握術	淺野八郎著	180元
⑧人際圓融術	澀谷昌三著	160元
⑨解讀人心術	淺野八郎著	180元
⑩與上司水乳交融術	秋元隆司著	180元
⑪男女心態定律	小田晉著	180元
⑫幽默說話術	林振輝編著	200元
⑬人能信賴幾分	淺野八郎著	180元
⑭我一定能成功	李玉瓊譯	180元
⑮獻給青年的嘉言	陳蒼杰譯	180元
⑯知人、知面、知其心	林振輝編著	180元
⑰塑造堅強的個性	坂上肇著	180元

⑱爲自己而活	佐藤綾子著	180元
⑲未來十年與愉快生活有約	船井幸雄著	180元
⑳超級銷售話術	杜秀卿譯	180元
㉑感性培育術	黃靜香編著	180元
㉒公司新鮮人的禮儀規範	蔡媛惠譯	180元
㉓傑出職員鍛鍊術	佐佐木正著	180元
㉔面談獲勝戰略	李芳黛譯	180元
㉕金玉良言撼人心	森純大著	180元
㉖男女幽默趣典	劉華亭編著	180元
㉗機智說話術	劉華亭編著	180元
㉘心理諮商室	柯素娥譯	180元
㉙如何在公司頭角崢嶸	佐佐木正著	180元
㉚機智應對術	李玉瓊編著	200元

•精選系列•電腦編號25

①毛澤東與鄧小平	渡邊利夫等著	280元
②中國大崩裂	江戶介雄著	180元
③台灣•亞洲奇蹟	上村幸治著	220元
④7-ELEVEN高盈收策略	國友隆一著	180元
⑤台灣獨立	森　詠著	200元
⑥迷失中國的末路	江戶雄介著	220元
⑦2000年5月全世界毀滅	紫藤甲子男著	180元
⑧失去鄧小平的中國	小島朋之著	220元

•運動遊戲•電腦編號26

①雙人運動	李玉瓊譯	160元
②愉快的跳繩運動	廖玉山譯	180元
③運動會項目精選	王佑京譯	150元
④肋木運動	廖玉山譯	150元
⑤測力運動	王佑宗譯	150元

•休閒娛樂•電腦編號27

①海水魚飼養法	田中智浩著	300元
②金魚飼養法	曾雪玫譯	250元
③熱門海水魚	毛利匡明著	元
④愛犬的教養與訓練	池田好雄著	250元

・銀髮族智慧學・電腦編號 28

①銀髮六十樂逍遙	多湖輝著	170元
②人生六十反年輕	多湖輝著	170元
③六十歲的決斷	多湖輝著	170元

・飲 食 保 健・電腦編號 29

①自己製作健康茶	大海淳著	220元
②好吃、具藥效茶料理	德永睦子著	220元
③改善慢性病健康藥草茶	吳秋嬌譯	200元
④藥酒與健康果菜汁	成玉編著	250元

・家庭醫學保健・電腦編號 30

①女性醫學大全	雨森良彥著	380元
②初為人父育兒寶典	小瀧周曹著	220元
③性活力強健法	相建華著	200元
④30歲以上的懷孕與生產	李芳黛編著	220元
⑤舒適的女性更年期	野末悅子著	200元
⑥夫妻前戲的技巧	笠井寬司著	200元
⑦病理足穴按摩	金慧明著	220元
⑧爸爸的更年期	河野孝旺著	200元
⑨橡皮帶健康法	山田晶著	200元
⑩33天健美減肥	相建華等著	180元
⑪男性健美入門	孫玉祿編著	180元

・心 靈 雅 集・電腦編號 00

①禪言佛語看人生	松濤弘道著	180元
②禪密教的奧秘	葉逯謙譯	120元
③觀音大法力	田口日勝著	120元
④觀音法力的大功德	田口日勝著	120元
⑤達摩禪106智慧	劉華亭編譯	220元
⑥有趣的佛教研究	葉逯謙編譯	170元
⑦夢的開運法	蕭京凌譯	130元
⑧禪學智慧	柯素娥編譯	130元
⑨女性佛教入門	許俐萍譯	110元
⑩佛像小百科	心靈雅集編譯組	130元
⑪佛教小百科趣談	心靈雅集編譯組	120元

⑫佛教小百科漫談	心靈雅集編譯組	150元
⑬佛教知識小百科	心靈雅集編譯組	150元
⑭佛學名言智慧	松濤弘道著	220元
⑮釋迦名言智慧	松濤弘道著	220元
⑯活人禪	平田精耕著	120元
⑰坐禪入門	柯素娥編譯	150元
⑱現代禪悟	柯素娥編譯	130元
⑲道元禪師語錄	心靈雅集編譯組	130元
⑳佛學經典指南	心靈雅集編譯組	130元
㉑何謂「生」　阿含經	心靈雅集編譯組	150元
㉒一切皆空　般若心經	心靈雅集編譯組	150元
㉓超越迷惘　法句經	心靈雅集編譯組	130元
㉔開拓宇宙觀　華嚴經	心靈雅集編譯組	130元
㉕真實之道　法華經	心靈雅集編譯組	130元
㉖自由自在　涅槃經	心靈雅集編譯組	130元
㉗沈默的教示　維摩經	心靈雅集編譯組	150元
㉘開通心眼　佛語佛戒	心靈雅集編譯組	130元
㉙揭秘寶庫　密教經典	心靈雅集編譯組	180元
㉚坐禪與養生	廖松濤譯	110元
㉛釋尊十戒	柯素娥編譯	120元
㉜佛法與神通	劉欣如編著	120元
㉝悟（正法眼藏的世界）	柯素娥編譯	120元
㉞只管打坐	劉欣如編著	120元
㉟喬答摩・佛陀傳	劉欣如編著	120元
㊱唐玄奘留學記	劉欣如編著	120元
㊲佛教的人生觀	劉欣如編譯	110元
㊳無門關（上卷）	心靈雅集編譯組	150元
㊴無門關（下卷）	心靈雅集編譯組	150元
㊵業的思想	劉欣如編著	130元
㊶佛法難學嗎	劉欣如著	140元
㊷佛法實用嗎	劉欣如著	140元
㊸佛法殊勝嗎	劉欣如著	140元
㊹因果報應法則	李常傳編	140元
㊺佛教醫學的奧秘	劉欣如編著	150元
㊻紅塵絕唱	海　若著	130元
㊼佛教生活風情	洪丕謨、姜玉珍著	220元
㊽行住坐臥有佛法	劉欣如著	160元
㊾起心動念是佛法	劉欣如著	160元
㊿四字禪語	曹洞宗青年會	200元
51妙法蓮華經	劉欣如編著	160元
52根本佛教與大乘佛教	葉作森編	180元

㊸大乘佛經	定方晟著	180元
㊹須彌山與極樂世界	定方晟著	180元
㊺阿闍世的悟道	定方晟著	180元
㊻金剛經的生活智慧	劉欣如著	180元

•經 營 管 理•電腦編號01

◎創新經營六十六大計（精）	蔡弘文編	780元
①如何獲取生意情報	蘇燕謀譯	110元
②經濟常識問答	蘇燕謀譯	130元
④台灣商戰風雲錄	陳中雄著	120元
⑤推銷大王秘錄	原一平著	180元
⑥新創意•賺大錢	王家成譯	90元
⑦工廠管理新手法	琪 輝著	120元
⑨經營參謀	柯順隆譯	120元
⑩美國實業24小時	柯順隆譯	80元
⑪撼動人心的推銷法	原一平著	150元
⑫高竿經營法	蔡弘文編	120元
⑬如何掌握顧客	柯順隆譯	150元
⑭一等一賺錢策略	蔡弘文編	120元
⑯成功經營妙方	鐘文訓著	120元
⑰一流的管理	蔡弘文編	150元
⑱外國人看中韓經濟	劉華亭譯	150元
⑳突破商場人際學	林振輝編著	90元
㉑無中生有術	琪輝編著	140元
㉒如何使女人打開錢包	林振輝編著	100元
㉓操縱上司術	邑井操著	90元
㉔小公司經營策略	王嘉誠著	160元
㉕成功的會議技巧	鐘文訓編譯	100元
㉖新時代老闆學	黃柏松編著	100元
㉗如何創造商場智囊團	林振輝編譯	150元
㉘十分鐘推銷術	林振輝編譯	180元
㉙五分鐘育才	黃柏松編譯	100元
㉚成功商場戰術	陸明編譯	100元
㉛商場談話技巧	劉華亭編譯	120元
㉜企業帝王學	鐘文訓譯	90元
㉝自我經濟學	廖松濤編譯	100元
㉞一流的經營	陶田生編著	120元
㉟女性職員管理術	王昭國編譯	120元
㊱ＩＢＭ的人事管理	鐘文訓編譯	150元
㊲現代電腦常識	王昭國編譯	150元

㊳電腦管理的危機	鐘文訓編譯	120元
㊴如何發揮廣告效果	王昭國編譯	150元
㊵最新管理技巧	王昭國編譯	150元
㊶一流推銷術	廖松濤編譯	150元
㊷包裝與促銷技巧	王昭國編譯	130元
㊸企業王國指揮塔	松下幸之助著	120元
㊹企業精銳兵團	松下幸之助著	120元
㊺企業人事管理	松下幸之助著	100元
㊻華僑經商致富術	廖松濤編譯	130元
㊼豐田式銷售技巧	廖松濤編譯	180元
㊽如何掌握銷售技巧	王昭國編著	130元
㊿洞燭機先的經營	鐘文訓編譯	150元
52新世紀的服務業	鐘文訓編譯	100元
53成功的領導者	廖松濤編譯	120元
54女推銷員成功術	李玉瓊編譯	130元
55ＩＢＭ人才培育術	鐘文訓編譯	100元
56企業人自我突破法	黃琪輝編著	150元
58財富開發術	蔡弘文編著	130元
59成功的店舖設計	鐘文訓編著	150元
61企管回春法	蔡弘文編著	130元
62小企業經營指南	鐘文訓編譯	100元
63商場致勝名言	鐘文訓編譯	150元
64迎接商業新時代	廖松濤編譯	100元
66新手股票投資入門	何朝乾　編	200元
67上揚股與下跌股	何朝乾編譯	180元
68股票速成學	何朝乾編譯	200元
69理財與股票投資策略	黃俊豪編著	180元
70黃金投資策略	黃俊豪編著	180元
71厚黑管理學	廖松濤編譯	180元
72股市致勝格言	呂梅莎編譯	180元
73透視西武集團	林谷燁編譯	150元
76巡迴行銷術	陳蒼杰譯	150元
77推銷的魔術	王嘉誠譯	120元
78 60秒指導部屬	周蓮芬編譯	150元
79精銳女推銷員特訓	李玉瓊編譯	130元
80企劃、提案、報告圖表的技巧	鄭　汶　譯	180元
81海外不動產投資	許達守編譯	150元
82八百件的世界策略	李玉瓊譯	150元
83服務業品質管理	吳宜芬譯	180元
84零庫存銷售	黃東謙編譯	150元
85三分鐘推銷管理	劉名揚編譯	150元

⑧⑥推銷大王奮鬥史	原一平著	150元
⑧⑦豐田汽車的生產管理	林谷燁編譯	150元

•成功寶庫•電腦編號 02

①上班族交際術	江森滋著	100元
②拍馬屁訣竅	廖玉山編譯	110元
④聽話的藝術	歐陽輝編譯	110元
⑨求職轉業成功術	陳　義編著	110元
⑩上班族禮儀	廖玉山編著	120元
⑪接近心理學	李玉瓊編著	100元
⑫創造自信的新人生	廖松濤編著	120元
⑭上班族如何出人頭地	廖松濤編著	100元
⑮神奇瞬間瞑想法	廖松濤編譯	100元
⑯人生成功之鑰	楊意苓編著	150元
⑲給企業人的諍言	鐘文訓編著	120元
⑳企業家自律訓練法	陳　義編譯	100元
㉑上班族妖怪學	廖松濤編著	100元
㉒猶太人縱橫世界的奇蹟	孟佑政編著	110元
㉓訪問推銷術	黃静香編著	130元
㉕你是上班族中強者	嚴思圖編著	100元
㉖向失敗挑戰	黃静香編著	100元
㉚成功頓悟100則	蕭京凌編譯	130元
㉛掌握好運100則	蕭京凌編譯	110元
㉜知性幽默	李玉瓊編譯	130元
㉝熟記對方絕招	黃静香編譯	100元
㉞男性成功秘訣	陳蒼杰編譯	130元
㊱業務員成功秘方	李玉瓊編著	120元
㊲察言觀色的技巧	劉華亭編著	180元
㊳一流領導力	施義彥編譯	120元
㊴一流說服力	李玉瓊編著	130元
㊵30秒鐘推銷術	廖松濤編譯	150元
㊶猶太成功商法	周蓮芬編譯	120元
㊷尖端時代行銷策略	陳蒼杰編著	100元
㊸顧客管理學	廖松濤編著	100元
㊹如何使對方說Yes	程　義編著	150元
㊺如何提高工作效率	劉華亭編著	150元
㊼上班族口才學	楊鴻儒譯	120元
㊽上班族新鮮人須知	程　義編著	120元
㊾如何左右逢源	程　義編著	130元
㊿語言的心理戰	多湖輝著	130元

國家圖書館出版品預行編目資料

南拳／朱瑞琪編著，——初版
——臺北市，大展，民86
129面；　公分——（武術特輯；17）
ISBN 957-557-737-X（平裝）

1. 拳術

528.97　　86007782

行政院新聞局局版臺陸字第100886號核准
北京人民體育出版社授權中文繁體字版

ISBN 957-557-737-X

南　拳

編著者／朱　瑞　琪
發行人／蔡　森　明
出版者／大展出版社有限公司
社　址／台北市北投區（石牌）致遠一路二段12巷1號
電　話／（02）8236031・8236033
傳　眞／（02）8272069
郵政劃撥／0166955－1
登記證／局版臺業字第2171號
承印者／國順圖書印刷公司
裝　訂／嶸興裝訂有限公司
排版者／千兵企業有限公司
電　話／（02）8812643
初版1刷／1997年（民86年）8月

定　價／180元

大展好書 好書大展

大展好書 好書大展